创新型师范教育专业精品教材

教师书写技能与训练

傅小彪　主审

杜广彬　李赵君　主编

教·学资源

首都师范大学出版社
CAPITAL NORMAL UNIVERSITY PRESS

图书在版编目（CIP）数据

教师书写技能与训练 / 杜广彬，李赵君主编.
北京 : 首都师范大学出版社，2025.1. -- ISBN 978-7-5656-8852-2

Ⅰ. G451

中国国家版本馆 CIP 数据核字第 2025UP1723 号

JIAOSHI SHUXIE JINENG YU XUNLIAN

教师书写技能与训练

杜广彬　李赵君　主编

责任编辑　崔灵菲

首都师范大学出版社出版发行

地　址	北京西三环北路 105 号
邮　编	100048
电　话	68418523（总编室）　68982468（发行部）
网　址	http://cnupn.cnu.edu.cn
印　刷	河北鹏润印刷有限公司
经　销	全国新华书店
版　次	2025 年 1 月第 1 版
印　次	2025 年 1 月第 1 次印刷
开　本	787 mm×1092 mm　1/16
印　张	9
字　数	208 千
定　价	38.00 元

---

* 版权所有　违者必究

* 如有印装质量问题，请到所购图书销售部门联系调换

* 盗版举报电话：400-117-9835　　客服热线：400-117-9835

PREFACE 前言

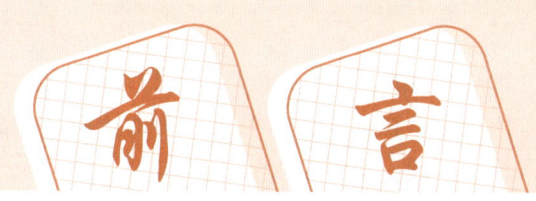

　　书写技能是教师必须具备的技能之一,它不仅是教师向学生传授知识的重要工具,还是教师展示自身专业素养和教学风格的手段。因此,对于即将踏足教师岗位的师范专业学生来说,熟练掌握教师书写技能尤为重要。

　　本书以"夯实基础、重在实训"为原则,以提升学习者的书写技能和教学能力为目标,全面、系统地介绍了三种书写技能的相关知识,同时指导学习者由浅入深地完成书写实践训练,旨在帮助学习者充分掌握毛笔书写、钢笔书写和粉笔书写的要领并学以致用。

　　具体而言,本书具有以下特色。

一、立德树人,润物无声

　　党的二十大报告指出:"育人的根本在于立德。"本书积极贯彻党的二十大精神,在讲解知识的过程中,将爱国教育、文化传承和文化创新等德育元素融入其中,让学习者在学习知识的同时,受到"润物细无声"的素质教育熏陶,从而树立正确的世界观、人生观和价值观,坚定文化自信和民族自信。

二、校企合作,实训导向

　　本书的设计和编排充分考虑了课程教学大纲和专业职业需求,以实训为导向,将理论讲解与书写实践紧密结合,旨在引导学习者在实践中理解并应用所学知识,培养其实践能力和解决问题的能力,为其职业发展打下坚实的基础。

　　本书中的大量书写示例由一线书法教师亲笔书写,从常用笔画的书写技巧练习,到常见部首的书写技巧练习,再到整字的结构练习,循序渐进,让学习者在美的享受中学会规范书写,不断提升书写技能。

三、理念新颖,结构合理

　　本书切实践行"以学生为主体、以教师为主导、以能力为根本"的教学理念,注重教学方式的创新性和教材内容的实用性,旨在引导学习者掌握学习的主动权,学会独立思考并解决相关问题。此外,本书各章的内容衔接紧密、层次分明、结构合理,便于学习者逐步构建完整的知识体系,系统学习相关内容,进而不断提升综合能力。

四、模块多样,内容充实

　　本书精心设计了多种模块,以活化教材内容,助力学习者充分掌握相关知识。例如,每章开头的"章节导读""学习目标""思维导图"概括本章的主要内容，点明学习目标，让学习者在前期对学习重点有所了解，做到心中有数；"课堂互动"根据正文内容提出相关问题，引导学习者主动思考，举一反三，同时有效调节教学节奏，活跃课堂气氛；"趁热打铁"设置习题或书写练习，帮助学习者在实践中真正掌握所学知识，同时检验学习者的学习成果；"知识链接""名词解释""小提示"深化和补充正文内容，以加深学习者对所学知识的理解，同时帮助学习者拓宽视野，丰富学识。

五、图文并茂，引人入胜

本书的配图清晰美观，内容贴合文本，主要包括经典书法作品展示图、书写姿势图、执笔方法图以及笔画、部首和整字的书写示例图等。这些图片不仅可以将知识以更加生动直观的形式展现出来，增强教材的易读性和趣味性，还能让学习者充分领略汉字之美，增强对汉字和书法文化的热爱。

六、平台支持，资源丰富

本书配有丰富的数字资源，读者可以借助手机或其他移动设备扫描二维码观看微课视频，也可以登录文旌综合教育平台"文旌课堂"查看和下载本书配套资源，如教学课件、课后习题答案等。读者在学习过程中有任何疑问，都可以登录该平台寻求帮助。

此外，本书还提供了在线题库，支持"教学作业，一键发布"，教师只需通过微信或"文旌课堂"App扫描扉页二维码，即可迅速选题、一键发布、智能批改，并查看学生的作业分析报告，提高教学效率，提升教学体验。学生可在线完成作业，巩固所学知识，提高学习效率。

本书由傅小彪担任主审，杜广彬、李赵君担任主编，王啸东、杨梅、王晓利担任副主编。由于编者水平有限，书中难免存在疏漏或不当之处，敬请广大读者批评指正。

特别说明：

（1）本书在编写过程中，参考了大量的资料并引用了部分文章和图片等。这些引用的资料大部分已获授权，但由于部分资料来自网络，我们未能确认出处，也暂时无法联系到原作者。对此，我们深表歉意，并欢迎原作者随时与我们联系，我们将按规定支付稿酬。

（2）本书未注明资料来源的案例均为编者自编或根据真实事件、素材改编。

🔍 | **本书配套资源下载网址和联系方式**

🌐 网址：https://www.wenjingketang.com
📞 电话：400-117-9835
✉ 邮箱：book@wenjingketang.com

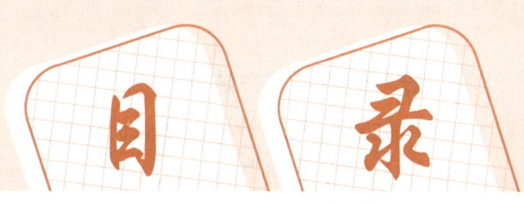

CONTENTS

绪论 ·· 1
 一、书写技能训练的作用 ··· 1
 二、书写技能训练的要求 ··· 2
 三、汉字书写规范 ·· 2

第一章　汉字概述 ·· 9
 第一节　汉字的起源与演变 ·· 10
  一、汉字的起源 ··· 10
  二、汉字的演变 ··· 11
 第二节　汉字的构造 ·· 18
  一、笔画 ·· 18
  二、部件 ·· 19
  三、汉字结构 ·· 22
 第三节　汉字的特征 ·· 23
  一、统一性 ··· 23
  二、关联性 ··· 24
  三、简洁性 ··· 24
  四、艺术性 ··· 24

第二章　毛笔书写技能与训练 ·· 25
 第一节　毛笔书写的基础知识 ··· 26
  一、书写工具 ·· 26
  二、书写姿势 ·· 31
  三、执笔方法 ·· 33
  四、运笔技法 ·· 35

第二节 毛笔书写方法 ·· 37
一、毛笔楷书的书写方法 ·· 37
二、毛笔行书的书写方法 ·· 54

第三节 毛笔书写实训 ·· 64
一、临摹 ·· 64
二、创作 ·· 65

第三章 钢笔书写技能与训练 ·· 69

第一节 钢笔书写的基础知识 ·· 70
一、书写工具 ·· 70
二、书写姿势 ·· 74
三、执笔方法 ·· 74
四、运笔技法 ·· 75

第二节 钢笔书写方法 ·· 76
一、钢笔楷书的书写方法 ·· 76
二、钢笔行书的书写方法 ·· 88

第三节 钢笔书写实训 ·· 98
一、临摹 ·· 98
二、创作 ·· 100

第四章 粉笔书写技能与训练 ·· 105

第一节 粉笔书写的基础知识 ·· 106
一、书写工具 ·· 106
二、书写姿势 ·· 110
三、执笔方法 ·· 111
四、运笔技法 ·· 112

第二节 粉笔书写方法 ·· 114
一、粉笔楷书的书写方法 ·· 114
二、粉笔行书的书写方法 ·· 124

第三节 板书设计 ·· 134
一、板书设计的原则 ·· 134
二、板书设计的布局方式 ·· 135
三、板书设计的注意事项 ·· 136

参考文献 ·· 138

绪　论

一、书写技能训练的作用

（一）助力传承和弘扬中国传统文化

中国传统文化源远流长，是中华民族在几千年的历史长河中不断积累、继承和发展而成的宝贵财富，这些宝贵财富的载体之一就是我们沿用至今的汉字。

因为书写技能训练的首要目标就是教会学习者写好汉字，所以它有助于学习者充分了解汉字，领悟其中蕴含的文化要素；除此之外，书写技能训练还与书法艺术息息相关，也有助于学习者了解博大精深的书法艺术，同时掌握与书法艺术联系紧密的文化知识。

综合来看，书写技能训练能够提升学习者对中国传统文化的兴趣，增强其民族自豪感和文化自信，从而让学习者自觉肩负起传承和弘扬中国传统文化的重要使命。

（二）提高学习者的综合素质

书写技能训练能够促进学习者综合素质的提高，这一点主要体现在以下三个方面。

一是书写素质的提高。书写技能训练旨在提高学习者书写规范汉字的能力，可以大大提高学习者的书写素质，让学习者能够在工作和日常生活中写出工整、美观的汉字。

二是审美素质的提高。因为与书法艺术联系紧密，所以书写技能训练能够起到美育的作用，提高学习者的审美素质和艺术修养，帮助其树立正确的审美观念。

三是学习素质的提高。书写技能训练的内容大多是枯燥、乏味的重复练字，通过认真刻苦的书写练习，学习者可以培养自己一丝不苟的学习习惯和坚持不懈的学习意志，进而将这些良好的学习素质运用于其他学科的学习。

（三）提升学习者的教学能力

书写技能训练对于学习者教学能力的提升主要体现在以下两个方面。

首先，书写技能是所有教师必须掌握的重要技能，良好的书写技能可以有效提升教师的教学效果，同时提升教师在学生心中的形象，从而帮助教师更好地开展教学工作。

其次，教师如果能够练就一手好字，就可以以身作则，潜移默化地影响学生，激发他们练字的积极性，以此不断提高学生的书写水平和学习能力。

二、书写技能训练的要求

（一）端正态度，树立信心

众所周知，练字并非易事，书写技能的获得不能一蹴而就，而是需要不断的练习和漫长的沉淀，这就要求学习者在开始训练之前要端正态度，树立信心。

学习者应该明确书写技能训练的目的，充分调动学习的原动力，在学习过程中不要被一时的挫折和困难所击垮。只有保持正确的态度和成功的信心，才能学好这门课程，收获令人满意的学习成果。

（二）勤学苦练，持之以恒

正所谓"宝剑锋从磨砺出，梅花香自苦寒来"，书写技能训练还要求学习者勤学苦练，持之以恒。这一点主要包括以下三个方面。

一是勤看勤观察，不断提高观察能力和鉴赏能力；二是勤问勤思考，不断提高分析能力和理解能力；三是勤写勤练习，通过书写实践将前期观察和思考的成果运用起来，并在反复的练习中熟能生巧，最终实现从量变到质变的重大突破。

（三）掌握规律，遵循方法

虽然练习很重要，但是书写技能的获得不能只靠单纯的机械性练习，学习者应该学会归纳总结，掌握规律，以达到事半功倍的练习效果。例如，总结某一类笔画、偏旁部首或间架结构的写法的相同之处，以及探究不同类之间的区别和联系等。

此外，学习者还可以阅读相关书籍或学习相关课程，遵循专业人士总结出的普遍适用的学习方法，在专业指导下进行练习，再在练习中总结经验，循环往复，不断提高书写水平。

三、汉字书写规范

（一）规范汉字的概念

规范汉字是指经过整理、简化并由国家以字表形式正式公布的正体字、简化字以及未经简化的传承字。

其中，正体字是指笔画和字形结构符合规范的汉字，与"异体字"相对。例如，"迹"是正体字，"跡"和"蹟"是"迹"的异体字。

简化字是指通过简化繁难字形而形成的、笔画较少的汉字，与"繁体字"相对。例如，"声"是简化字，"聲"是"声"的繁体字。

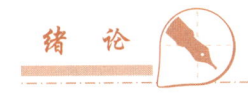

绪 论

传承字是指历史上流传下来沿用至今的、未经或不需要简化的汉字，如"人""日""月"等。

（二）确定规范汉字的依据

1. 以往依据

1992年7月7日，新闻出版署和国家语言文字工作委员会联合制定并发布了《出版物汉字使用管理规定》，在其中对"规范汉字"和"不规范汉字"的范围做出了明确规定。

> 本规定所称的规范汉字，主要是指1986年10月根据国务院批示由国家语言文字工作委员会重新发表的《简化字总表》所收录的简化字；1988年3月由国家语言文字工作委员会和新闻出版署发布的《现代汉语通用字表》中收录的汉字。
>
> 本规定所称不规范汉字，是指在《简化字总表》中被简化的繁体字；1986年国家宣布废止的《第二次汉字简化方案（草案）》中的简化字；在1955年淘汰的异体字（其中1986年收入《简化字总表》中的11个类推简化字和1988年收入《现代汉语通用字表》中的15个字不作为淘汰的异体字）；1977年淘汰的计量单位旧译名用字；社会上出现的自造简体字及1965年淘汰的旧字形。

从该规定可知，当时确定规范汉字的依据主要有两个：第一个是1986年由国务院批准重新发表的《简化字总表》，该表所收录的简化字为规范汉字，所收录的繁体字为不规范汉字；第二个是1988年由国家语言文字工作委员会和新闻出版署发布的《现代汉语通用字表》，该表所收录的汉字字形为规范字形，所收录的与规范字形相对的旧字形为不规范字形。

除了上面提到的两个字表之外，当时确定规范汉字的依据还包括中华人民共和国文化部、中国文字改革委员会于1955年发布的《第一批异体字整理表》，中国文字改革委员会和国家标准计量局于1977年发布的《部分计量单位名称统一用字表》，国家标准总局于1980年发布的《信息交换用汉字编码字符集 基本集》，国家语言文字工作委员会、国家教育委员会、广播电视部于1985年发布的《普通话异读词审音表》，国家语言文字工作委员会、国家教育委员会于1988年发布的《现代汉语常用字表》等。

2. 现行依据

2013年6月，国务院批准发布了由中华人民共和国教育部和国家语言文字工作委员会组织制定的《通用规范汉字表》，并规定社会一般应用领域的汉字使用应以《通用规范汉字表》为准。自此以后，《通用规范汉字表》成为确定现行规范汉字的权威依据。

《通用规范汉字表》是在整合《第一批异体字整理表》《简化字总表》《现代汉语常用字表》《现代汉语通用字表》等表的基础上制定的。该表共收字8 105个，分为三级。一级字表为常用字集，收字3 500个，主要满足基础教育和文化普及的基本用字需要；二级字表收字 3 000 个，使用频率仅次于一级字表。一、二级字表共收字 6 500 个，主要满足出版印刷、辞书编纂和信息处理等方面的一般用字需要。三级字表收字 1 605 个，是姓氏、人名、地名、科学技术术语和中小学语文教材文言文用字中未进入一、二级字表的比较通用的字，主要满足信息化时代与大众生活密切相关的专门领域的用字需要。

（三）字形的规范

字形是文字的视觉形式，书写汉字时必须保证字形的规范，具体来说就是书写时一般要避免出现以下四种不规范的汉字。

1. 繁体字

繁体字是指汉字简化后已有相对应的简化字替代使用的、笔画较多的字，如图 0-1 所示。繁体字笔画繁多、结构复杂、书写速度较慢，无法满足时代发展的需求；此外，繁体字的书写、学习和辨认的难度都比较大，不利于文化的交流和传播，所以都被简化字所替代。总而言之，汉字的总体发展道路是由繁到简的，汉字的简化是顺应社会发展的必然结果。

图 0-1 "担"字的简化字和繁体字

> **知识链接** 简化字和繁体字的对应关系
>
> 简化字和繁体字的对应关系主要有以下三种。
>
> **1. 完全等同**
>
> 完全等同是指简化字和繁体字之间存在一一对应的关系，可以直接转换，比如"学"和"學"、"国"和"國"等。
>
> **2. 全部归并**
>
> 全部归并是指一个简化字对应了两个或两个以上意义不同的繁体字，比如简化字"发"对应着两个繁体字，读一声时为"發"，指发射；读四声时为"髮"，指头发。
>
> **3. 部分归并**
>
> 部分归并是指将一个繁体字的部分意义转移到简化字上，然后用原字表示其他意义，比如当"徵"表示征召、征用、证明等意义时要写作"征"，当表示古代五音之一时仍写作"徵"。

2. 异体字

异体字是指与正体字字音、字义相同但字形结构不同的字，如图 0-2 所示。因为汉字构造的特殊性和复杂性，一字多形的现象在汉字历史上比比皆是，异体字正是汉字形式多样性的一种直观体现，同时也反映了早期汉字规范化过程中的不统一。

图 0-2　"琴"字的正体字和异体字

在实际使用中，异体字会加重人们的记忆负担，增加印刷的难度，大大限制汉字的交际功能。因此，随着时代的发展，大部分异体字都已被废止，形式的统一保证了汉字的稳定和规范。

> **知识链接**　繁体字、异体字可以保留和使用的情况
>
> 关于繁体字、异体字可以保留和使用的情况，《中华人民共和国国家通用语言文字法》第十七条有以下明确规定。
>
> 有下列情形的，可以保留或使用繁体字、异体字：
>
> （一）文物古迹；
>
> （二）姓氏中的异体字；
>
> （三）书法、篆刻等艺术作品；
>
> （四）题词和招牌的手书字；
>
> （五）出版、教学、研究中需要使用的；
>
> （六）经国务院有关部门批准的特殊情况。

3. 错字

错字是指笔画、偏旁部首或字形结构出现错误的字，是并不存在的汉字，如图 0-3 所示。大部分错字的出现都是因为对汉字字形不够了解，在书写时要极力避免。

图 0-3　"邃"字的正确写法和错误写法

4. 别字

别字是汉字中本来就有的字,但是使用的环境不对,比如"悬梁刺股"的字面意思是用绳子把头发吊在房梁上、用锥子刺大腿,表示学习十分刻苦,其中的"股"指大腿,如果把"股"写成"骨",就是用了别字。别字的出现是对汉字和词语的意义不熟悉的表现,在书写时也要极力避免。

趁热打铁

找出并改正下列词语中的别字。

(1) 急燥　　　　(2) 脉膊　　　　(3) 决别

(4) 迫不急待　　(5) 按步就班　　(6) 甘败下风

(7) 天涯海脚　　(8) 再接再励　　(9) 宁死不曲

(四)书写方式的规范

书写方式的规范主要是说书写汉字时要遵循正确的笔顺。

笔顺是指书写汉字时笔画的顺序。讲究笔顺主要是为了书写时顺应手腕的生理构造和汉字的构形原理,使书写顺手、快速,使写出的字稳定、匀称;此外,掌握笔顺还便于在字典中检索汉字。

下面列举了笔顺的基本规则和一些容易出错的笔顺,见表0-1和表0-2。

表0-1　笔顺的基本规则

基本规则	例字
先横后竖	十　一十
先撇后捺	人　丿人
从上到下	方　丶亠方方
从左到右	故　一十亠古古古故故
先外后内	同　丨冂冂冂同同
先外后内再封口	国　丨冂冂冂冃国国国
先中间后两边	小　亅小小

表 0-2　易错笔顺示例

例字	笔顺
巴	巴 ㄱ コ 巴
丹	丹 丿 几 刀 丹
比	比 一 比 比
北	北 丨 丨 扌 北
凹	凹 丨 冂 冖 凹
必	必 丶 心 心 必 必
报	报 一 十 扌 扌 扫 报 报
垂	垂 一 二 千 千 岙 垂 垂
敝	敝 丶 丶 丷 尚 尚 尚 尚 敝 敝
兜	兜 丶 丷 甪 甪 臼 臼 兜 兜
登	登 フ ラ ヌ ダ ヌ ヌ 登 登 登 登
鼎	鼎 丨 冂 冂 日 曰 曱 臬 鼎 鼎 鼎 鼎

趁热打铁

写出下列汉字的笔顺。

(1) 牛　　　　　　　　(2) 贾

(3) 角　　　　　　　　(4) 间

(5) 曲　　　　　　　　(6) 鬼

(7) 戴　　　　　　　　(8) 蠡

第一章 汉字概述

章节导读

要想熟练掌握汉字书写技能，首先要对汉字有一定了解。本章一共包括三个小节，分别是汉字的起源与演变、汉字的构造和汉字的特征。本章能够帮助学习者深入了解汉字的发展历程、内部构造和基本特征，积累基础知识，激发学习者对汉字的兴趣和书写汉字的热情，为接下来的书写技能训练打下坚实的基础。

学习目标

知识目标

- 了解汉字的起源与演变。
- 了解汉字的构造。
- 了解汉字的特征。

技能目标

- 掌握不同笔画、部件的形态和用法。
- 能够正确拆分汉字。

素养目标

- 培养对汉字和中国传统文化的兴趣，增强文化自信。
- 培养认真、负责的教学态度。

思维导图

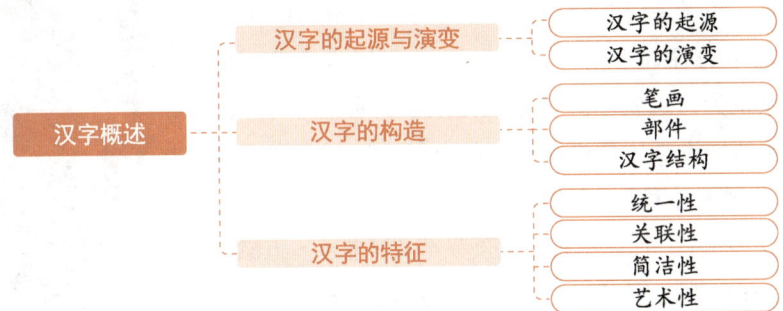

第一节 汉字的起源与演变

一、汉字的起源

关于汉字的起源,自古以来便众说纷纭,其中比较有代表性的观点主要为以下三种。

一是结绳记事说。中国古代典籍中关于结绳记事的记录相当丰富,《周易·系辞下》中有记载:"上古结绳而治,后世圣人易之以书契。"这句话表明在上古时期,人们会通过在绳子上打结的方式来记录事情,如图1-1所示。《周易集解》中还进一步解释道:"古者无文字,其有约誓之事,事大大其绳,事小小其绳。结之多少,随物众寡,各执以相考,亦足以相治也。"这说明古人会用不同大小的绳结来指代不同的事件。

图1-1 结绳记事

二是图画符号说。支持这种观点的证据主要来源于仰韶文化遗址、大汶口文化遗址等出土的陶器,这些陶器上画有树、鱼、鸟、鹿等各种图画符号,如图1-2所示。这些图画符号证明,早在新石器时代,先民们就开始用图画的形式描绘生活中的各种事物,以帮助记忆、传达意义。许多古文字学家认为,这些图画符号就是汉字的前身。

三是仓颉造字说。这种说法在古代典籍中广泛存在,例如,《世本·作篇》中称:"仓颉作书。"《淮南子·本经训》中说:"昔者仓颉作书,而天雨粟,鬼夜哭。"《韩非子·五蠹》中也有:"古者仓颉之作书也。"东汉文字学家许慎更是在《说文解字》中明确肯定了仓颉造字说:"黄帝之史仓颉,见

图1-2 刻画符号陶尊

鸟兽蹄迒之迹，知分理之可相别异也，初造书契。"这句话的意思是仓颉在野外的泥地上看到了鸟兽的足迹，从中得到启发，从而创造了汉字。不过，历代文字学家一致认为，汉字数量繁多，不可能全部出自一人之手，仓颉应该只是把零散的字符加以归纳、整理，使其成为一套规范的、系统的象形文字体系。此举对汉字的发展具有重要意义，仓颉因此被尊称为"造字圣人"。

二、汉字的演变

汉字的演变过程主要包括古文字阶段和今文字阶段两个阶段。

（一）古文字阶段

先秦时期的文字主要有三种，分别是甲骨文、金文和籀文，它们都属于广义上的大篆体系。

在殷商时期，人们会在龟甲、兽骨上契刻文字用以占卜或记事，这些文字被后世称为"甲骨文"。甲骨文是目前已知的最古老且自成体系的文字，也是汉字的初始形态。甲骨文笔画较细，方笔居多，笔画末端常有刀刻形成的锋芒；字形偏瘦长，字体结构类似于图画，整体象形意味较浓，如图 1-3 和图 1-4 所示。

文字的诞生

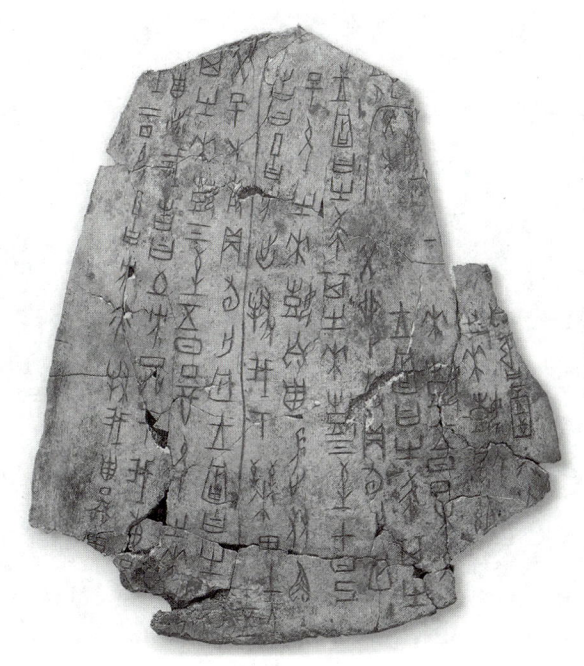

图 1-3　《"土方入侵"涂朱卜骨刻辞》

图1-4 《祭祀狩猎涂朱牛骨刻辞》

金文以西周金文为代表,大多铸刻于礼器、乐器等青铜器之上。金文与甲骨文相似,但是其笔画更加圆润厚重,字形更加宽博大气,字体结构更加规整有序,比较有代表性的金文有《大盂鼎》铭文和《散氏盘》铭文,如图1-5和图1-6所示。

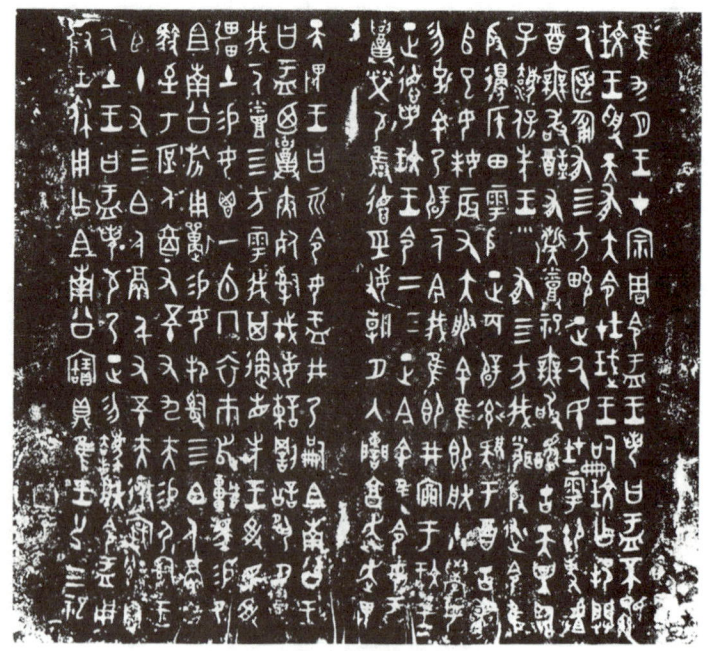

图1-5 《大盂鼎》铭文

图1-6　《散氏盘》铭文

● **知识链接** 礼器

礼器，又称"彝器"，是指古代在进行祭祀、丧葬、婚嫁、任命、征伐等活动时举行仪式所使用的器物，如鼎、簋、觚等。

鼎，中国古代炊器，多由青铜制成，一般为圆形口、三足、两耳，如图1-7所示；簋，中国古代食器，用以盛食物，多由青铜制成，一般为圆形口、圈足，如图1-8所示；觚，中国古代酒器，多由青铜制成，一般为喇叭形口、细腰、高圈足，如图1-9所示。

图1-7　窃曲纹鼎

图1-8　利簋

图1-9　青铜觚

籀文是春秋战国时期通行于秦国的一种文字，是介于金文和小篆之间的一种过渡性文字，在汉字史上起到了承上启下的重要作用，以石鼓文为代表，如图1-10所示。与金文相比，籀文的笔画和字形更加规范，字体结构更加复杂，象形意味大大减少。

图1-10　石鼓文

秦代是汉字发展过程中的一个重要转折点。秦始皇统一六国之后，施行了"书同文"政策，即统一繁杂多样的文字体系。丞相李斯等人在以往文字的基础上删繁就简，创制了小篆。

小篆笔画匀称圆润，字形呈长方形，结构齐整有序，基本脱离了象形意味，成为抽象的文字符号，如图1-11和图1-12所示。小篆的出现不仅使汉字走上了规范化的道路，也为之后隶书的出现和后世的书法创作提供了丰富的素材和灵感。

图1-11　《秦诏版》拓片　　　图1-12　《峄山刻石》局部（李斯）

(二)今文字阶段

在秦代,小篆是主导字体,隶书只是辅助字体。到了汉代,隶书逐渐取代小篆成为主导字体。隶书字形宽扁,结构简洁,笔画方圆兼备、横长竖短,且横向笔画多带有蚕头燕尾,呈一波三折之势,如图 1-13 和图 1-14 所示。

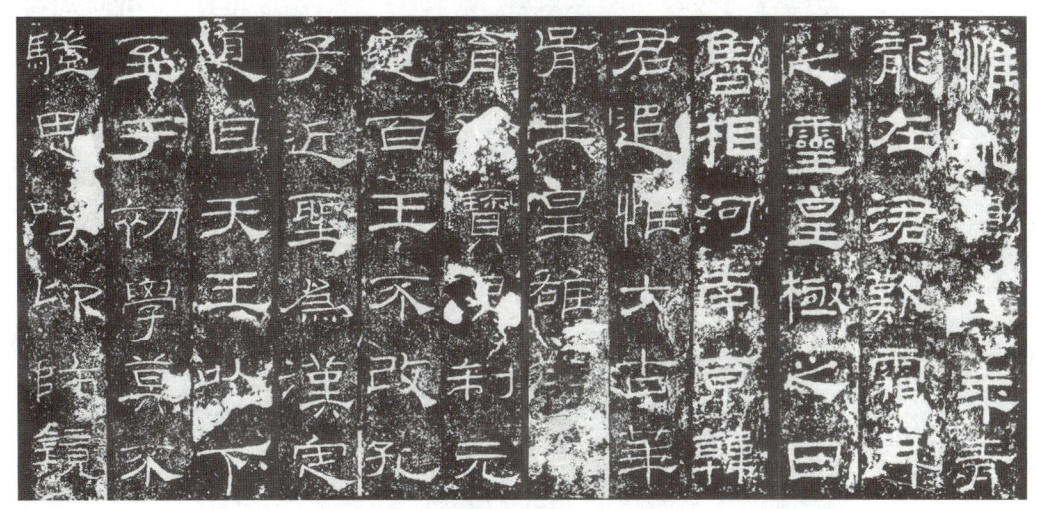

图 1-13 《礼器碑》局部

图 1-14 《张迁碑》局部

篆书演变为隶书的过程是汉字史上非常关键的一次变革,史称"隶变",这也是中国文字由古文字系统向今文字系统演变的过程。

隶书确定了汉字方正端庄的基本形态,也为楷书的发展奠定了基础。与此同时,行书和草书等书体也开始萌芽。汉代以后,各种书体逐步完善,书法艺术也逐渐走向成熟,步入百花齐放的新阶段。

楷书笔画规范，形态方正，整体一丝不苟，端庄大方，尽显严谨之美，代表作品有唐代书法家欧阳询的《九成宫醴泉铭》和颜真卿的《颜勤礼碑》等，如图1-15和图1-16所示。

欧阳询
与《九成宫醴泉铭》

图1-15　《九成宫醴泉铭》局部（欧阳询）

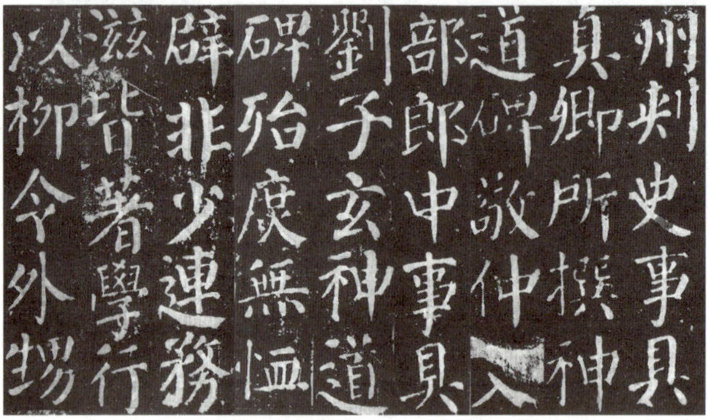

图1-16　《颜勤礼碑》局部（颜真卿）

行书笔画圆润流畅，字形潇洒多姿，显得活泼灵动，代表作品有东晋书法家王羲之的《兰亭序》和五代书法家杨凝式的《韭花帖》等，如图1-17和图1-18所示。

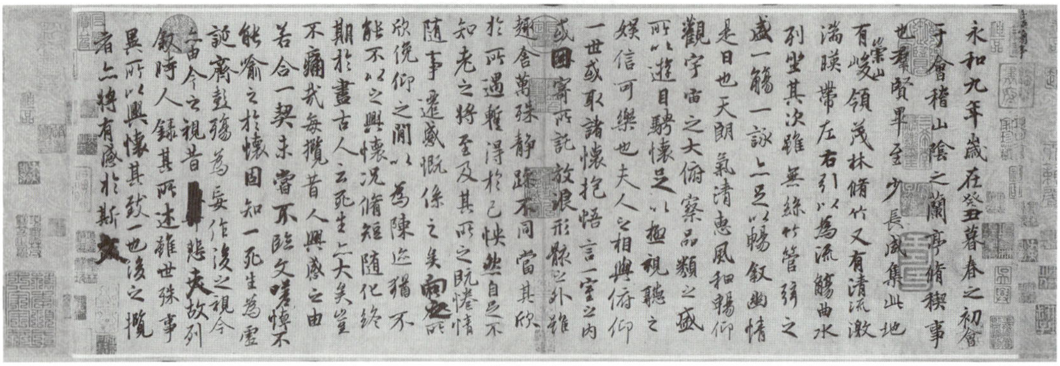

图1-17　《兰亭序》（王羲之）

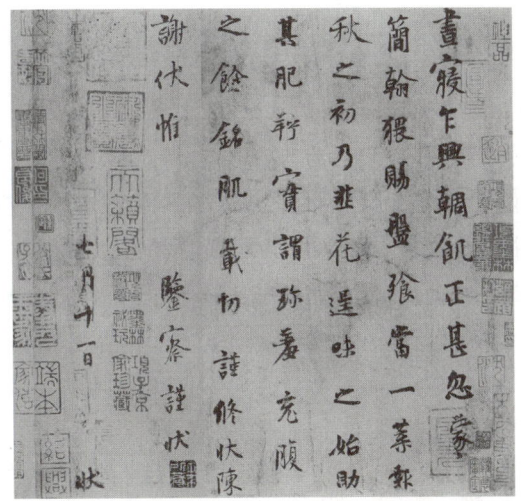

图 1-18 《韭花帖》（杨凝式）

草书笔画连绵回绕，字形变化多端，有豪迈狂放的气势，代表作品有唐代书法家张旭的《古诗四帖》和怀素的《自叙帖》，如图 1-19 和图 1-20 所示。

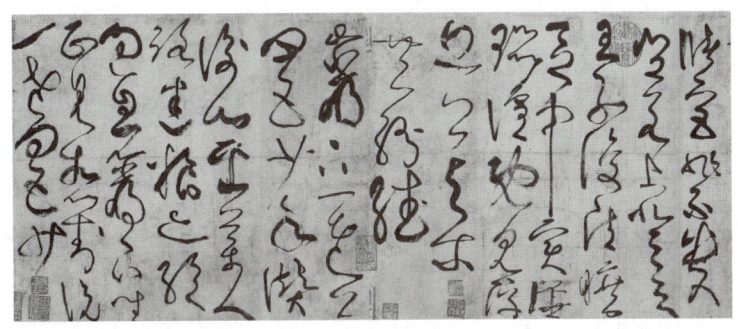

图 1-19 《古诗四帖》局部（张旭）

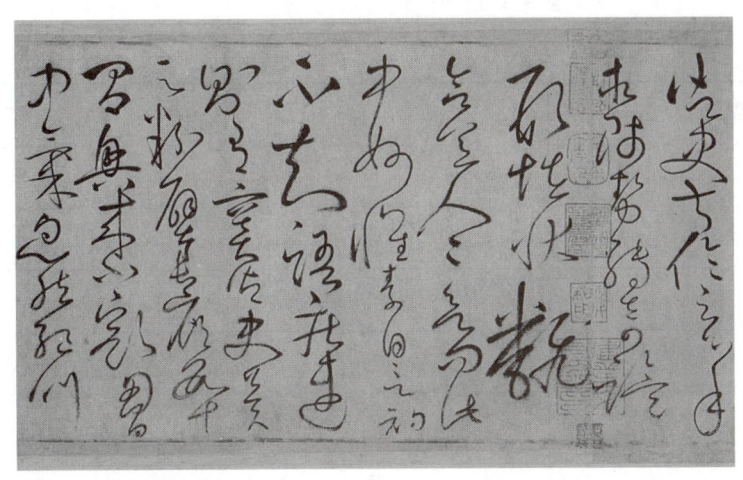

图 1-20 《自叙帖》局部（怀素）

> **知识链接** 颠张醉素
>
> "颠张醉素"是指张旭和怀素两位草书大家。
>
> 张旭是一位极有个性的书法家，为人潇洒不羁，豁达大度。他喜好饮酒，每每痛饮至酣畅淋漓之际，便会在醉意朦胧中呼叫狂走，挥毫泼墨，甚至以发代笔，蘸墨挥洒。其举止之癫狂，书风之豪放，令人叹为观止，故得"颠张"之称。
>
> 怀素为人爽朗豪迈，不拘小节，同样嗜酒如命，喜欢酒后乘兴而作，因此被称为"醉素"。

第二节 汉字的构造

汉字的构造具有层次性，第一层是笔画，第二层是部件，第三层是汉字的整体结构。笔画构成部件，部件构成汉字，每个层次都有其丰富的变化和严谨的构成规律。

一、笔画

（一）笔画的基本类型

笔画是构成汉字字形的最小书写单位，主要可以分为基本笔画和派生笔画两大类型。

1. 基本笔画

基本笔画是指能够直接一笔写完、行笔方向没有太大变化的笔画，主要包括点、横、竖、撇、捺、提六种，见表1-1。

表1-1 基本笔画

笔画	名称	例字
丶	点	六
一	横	土
丨	竖	十
丿	撇	人
丶	捺	大
㇀	提	习

2. 派生笔画

派生笔画是在基本笔画的基础上衍生而成的笔画，由两个或两个以上的基本笔画连接而成，较为复杂，数量较多，见表1-2。

表1-2　部分派生笔画

笔画	名称	例字
㇐	横钩	买
㇆	横折	马
㇇	横撇	又
亅	竖钩	寸
㇄	竖折	山
㇉	竖弯钩	匕
)	弯钩	犭
㇂	斜钩	戈

（二）笔画的组合方式

汉字的笔画主要有三种组合方式：一是相离，即笔画之间没有交集，互相独立，比如"二""川""小"中的笔画；二是相接，即笔画之间互相连接，比如"人""口""凹"中的笔画；三是相交，即笔画之间互相交叉，比如"十""开""井"中的笔画。

二、部件

部件是由笔画组成的具有组配汉字功能的构字单位。

（一）部件的分类

根据不同的分类标准，汉字的部件可以分为不同的类型。

1. 按笔画多少

根据笔画多少，汉字的部件可以分为单笔部件和多笔部件两种类型。

单笔部件是指由一个笔画构成的部件，比如"丛"中的"一"、"引"中的"丨"、"艺"中的"乙"等。

多笔部件是指由两个或两个以上的笔画构成的部件，比如"打"中的"扌"、"邓"中的"阝（右）"、"笑"中的"䒑"等。

2. 按能否独立成字

根据能否独立成字，汉字的部件可以分为成字部件和非成字部件两种类型。

成字部件是指可以独立成字的部件，比如"吉"中的"口"、"岩"中的"石"、"盆"中的"皿"等。

非成字部件是指无法独立成字的部件，比如"说"中的"讠"、"江"中的"氵"、"点"中的"灬"等。

3. 按能否被拆分

根据能否被拆分，汉字的部件可以分为基础部件和合成部件两种类型。

基础部件是指最小的、按照构字规则不能再被拆分的部件，比如"男"中的"田"、"灯"中的"丁"、"什"中的"十"等。

合成部件是指由两个或两个以上的基础部件组成、可以继续被拆分的部件，比如"想"中的"相"可以继续被拆分为"木"和"目"，"浒"中的"许"可以继续被拆分为"讠"和"午"。

4. 按所处层级

在由两个或两个以上的部件组成的汉字中，可以根据所处层级将部件分为一级部件、二级部件、三级部件。

例如，在"莲"字中，"艹"和"连"为一级部件，"连"可以继续被拆分为"辶"和"车"两个二级部件。

再如，在"嫦"字中，"女"和"常"为一级部件，"常"可以继续被拆分为"㡀"和"吊"两个二级部件，而"吊"可以继续被拆分为"口"和"巾"两个三级部件。

> **趁热打铁**
>
> 将下列汉字拆分为基础部件。
>
> （1）贼　　　　　　　（2）漱
>
> （3）露　　　　　　　（4）霜
>
> （5）囊　　　　　　　（6）戆

（二）部首的概念

部首是指可以成批构成汉字的一部分部件，是专门为汉字分类而设定的部件类型，一个部首下可能有几个到上百个字。

采用部首给汉字归类的方法始于许慎的《说文解字》，他将 9 353 个汉字分为 540 部，

《说文解字》中的部首主要是根据部件的意义范畴来划分的,同一部首下的字一般在意义上有所联系,比如"木"部下的字的意义多与树木、木材有关,"艹"部下的字的意义多与植物有关。

现代的字典、词典大多从实际字形着眼给汉字划分部首,这主要是为了便于汉字的检索,例如,在《新华字典》中,"弄"字被归为"廾"部,"兵"字被归为"八"部。

> **知识链接** **六书**
>
> 六书,又称"六义",是古人在分析汉字的造字方法后归纳出来的六种条例,分别是象形、指事、会意、形声、转注和假借。在当今学者看来,转注和假借更像是用字方法,而非造字方法,因此在这里不做详细分析。"六书"说在东周前期就已形成,至今仍是分析汉字的重要方法。
>
> 象形是指描摹实物形状的造字方法。《说文解字》中有:"象形者,画成其物,随体诘诎。"这句话是说,象形的意思是画出事物的形象,随着它的形体而曲折描摹。常见的例字有"日""山"等。
>
> 指事是指用象征性的符号来表示意义的造字方法。《说文解字》中有:"指事者,视而可识,察而见意。"这句话是说,指事的意思是看见了就可以认识,仔细观察就能知晓意义。常见的例字有"上""下"等。
>
> 会意是指根据事理组合已有的字来表示新的意义的造字方法。《说文解字》中有:"会意者,比类合谊,以见指㧑。"这句话是说,会意的意思是组合两个或两个以上的字,形成新字,来表现新义所指的事物。常见的例字有"信""嵩"等。
>
> 形声是指形旁和声旁并用的造字方法,其中形旁指示该字的意义,声旁指示该字的读音。《说文解字》中有:"形声者,以事为名,取譬相成。"这句话是说,形声的意思是先根据事物的类别确定一个字,再选择一个与被造字读音相近的字与前一个字组合成被造字。常见的例字有"秧""棋"等。

(三)部首的分类

在教学和日常生活中比较常用的为合体字的部首分类的方法是根据部首在字中所处的位置分类。按照这个方法,部首主要可以分为左偏旁、右偏旁、字头、字底和字框五种类型。

左偏旁是指位于合体字的左部的部首,常见的左偏旁主要有"讠""扌""氵""亻""忄"等。

右偏旁是指位于合体字的右部的部首,常见的右偏旁主要有"刂""阝(右)""戈""攵""页"等。

字头是指位于合体字的上部的部首，常见的字头主要有"人""宀""艹""竹""雨"等。

字底是指位于合体字的下部的部首，常见的字底主要有"灬""心""女""皿""贝"等。

字框是指位于合体字的外围部分的部首，常见的字框主要有"凵""匚""冂""勹""囗"等。

> **知识链接** 偏旁的含义
>
> 偏旁最初是两个词，其中合体字的左部被称为"偏"，右部被称为"旁"；现在习惯把合体字的左、右、上、下、内、外的部件统称为"偏旁"，比如"湖"字中的"氵"和"胡"、"崮"字中的"山"和"固"、"园"字中的"囗"和"元"等。

> **课堂互动**
>
> 再多列举几个左偏旁、右偏旁、字头、字底和字框吧。

三、汉字结构

每个汉字都是由一个或几个部件组合而成的方块结构，现代汉字的结构主要可以分为独体字和合体字两大类型。

（一）独体字

独体字是指在结构上不能再被拆分的汉字，是由基础部件直接构成的汉字，大多笔画较少，结构简单，比如"人""日""月""土""上""下"等。

独体字虽然数量较少，但在汉字系统中占有重要地位。一方面，独体字的使用历史一般都比较悠久，具有较强的生命力；另一方面，独体字具有很强的造字能力，是构成合体字的基础。

简化汉字独体字表

（二）合体字

合体字是指在结构上可以继续被拆分的汉字，一般由两个或两个以上的基础部件构成。合体字的部件之间的组合方式被称为"间架结构"，合体字的结构类型主要有左右结构、左中右结构、上下结构、上中下结构、半包围结构、全包围结构、繁杂结构和品字结构几种，见表1-3。

表1-3　汉字的结构类型

名称	例字
左右结构	休、村、行、形
左中右结构	吼、彻、树、谢
上下结构	花、家、尘、昌
上中下结构	常、意、密、苔
半包围结构	庆、司、冈、医
全包围结构	困、国、园、圆
繁杂结构	岱、紧、蠢、繁
品字结构	品、晶、森、淼

课堂互动

再多举几个不同结构的汉字吧。

第三节　汉字的特征

汉字的特征主要包括统一性、关联性、简洁性和艺术性四个方面。

一、统一性

中国幅员辽阔，人口众多，大部分地区都发展出了独特的方言系统。各地方言在语音上有所差别，尤其是南方地区的方言，复杂多样，差异巨大。方言之间的差异会给不同地区的人之间的沟通和交流带来一定的困难和障碍。

汉字的统一性在一定程度上解决了这一问题。不同地区的人说汉语时的语音不同，但是对汉字的字形和字义的理解是大致相同的，这就保证不同地区的人可以用统一的汉字进行书面上的沟通和交流。也就是说，汉字可以在一定程度上减轻方言带来的沟通障碍，成为全国通用的交际工具。

可以说，中国传统文化能够几千年来延绵不断，很大一部分原因在于汉字的统一性。汉字可以保证中华民族在文化上的统一性和稳定性，是中国传统文化的基石。

二、关联性

汉字的关联性与汉字的部首有关。一个部首往往统领着许多汉字,比如"氵"部下就有"江""河""湖""海""溪""滩""洋""池"等字,而这些字的意义都与水有关系。

汉字的这种关联性可以简化学习汉字的过程。学习者只要掌握一个部首的形态和意义,就可以快速地一并掌握与之相关的汉字的基本形态和核心意义。这样能够大大节省学习成本,提高学习效率,同时使汉字学习变得更加系统且富有趣味性。

三、简洁性

在生活中,我们可能都有过这样的经历:有些产品会附有多种语言的使用说明,一般来说,中文的使用说明的篇幅都是最短的。这是因为与大部分拼音文字相比,汉字的每个字所包含的信息更多,所以在表达相同的意思时,汉字所占的篇幅通常都比较短,这就是汉字简洁性的直观体现。

汉字的简洁性来源于汉字意义的丰富性,很多时候复杂的意义只需要一个字或一个词语就可以表达清楚;此外,一字多义的情况也极大地提升了汉字使用的经济性。

正是这份独特的简洁性,让汉字在众多文字体系中脱颖而出。许多外国友人正是被汉字这种特性所吸引,随之去感受汉字背后所蕴含的博大精深的中国传统文化。汉字不仅以其简约之美吸引着世人的目光,更以其经济、高效的优点,成为表达思想、传承文化的有力工具。

四、艺术性

汉字的艺术性主要体现在它流畅的线条和精妙的结构之中。不同汉字的笔画有多有少,结构有正有斜,但汉字在千姿百态、变化多端中又蕴含着对称均衡的和谐之美。

同时,汉字的字体较多,篆书、隶书、楷书、行书和草书各有特色,每一种字体都具备独特的艺术韵味,展现出不同的风采与审美追求。

书法大家——米芾

在此基础上,从古至今的众多书法大家凭借各自精湛的技术和深厚的底蕴,创作出了一幅幅惊世之作,将汉字之美展现得淋漓尽致,而这些作品则共同构成了风格多样、流派纷呈的中国书法艺术。

第二章

毛笔书写技能与训练

章节导读

本章一共包括三个小节，分别是毛笔书写的基础知识、毛笔书写方法和毛笔书写实训。本章先介绍毛笔书写的工具、姿势、执笔方法和运笔技法等基础知识，再深入讲解毛笔楷书和毛笔行书的书写技巧，最后引入毛笔书写实训的内容，由浅入深，帮助学习者循序渐进地掌握毛笔书写技能。

学习目标

知识目标

- 了解毛笔书写的工具和姿势。
- 了解毛笔书写的执笔方法和运笔技法。

技能目标

- 掌握毛笔楷书和毛笔行书的书写方法。
- 掌握毛笔书法的临摹方法。
- 能够进行毛笔书法创作。

素养目标

- 提升人文素养，陶冶情操。
- 加强对毛笔书法艺术的理解与认同，增强文化自信。

思维导图

```
                                          ┌─ 书写工具
                        ┌─ 毛笔书写的基础知识 ─┼─ 书写姿势
                        │                 ├─ 执笔方法
                        │                 └─ 运笔技法
                        │
毛笔书写技能与训练 ──────┼─ 毛笔书写方法 ────┬─ 毛笔楷书的书写方法
                        │                 └─ 毛笔行书的书写方法
                        │
                        └─ 毛笔书写实训 ────┬─ 临摹
                                          └─ 创作
```

第一节 毛笔书写的基础知识

一、书写工具

正所谓"工欲善其事,必先利其器",书写工具的优劣,会直接影响书写的效果。因此,熟悉书写工具是进行毛笔书写训练的必要前提。毛笔书写的工具主要包括笔、墨、纸、砚,也就是我们常说的"文房四宝"。

(一)笔

中华民族使用毛笔的历史十分悠久,目前发现的年代最早的毛笔出自湖北随州的战国早期墓葬——曾侯乙墓。历经数千年的传承和改进,我国的毛笔制作工艺已经十分成熟,如今的毛笔不但制作精良,而且种类繁多,各具特色。

毛笔主要由笔管和笔头两个部分组成,笔管多由竹、木等材料制成,也有用骨头、石头、金属或塑料等材料制成的,笔头多由动物毛制作而成。

知识链接 毛笔笔头的组成部分

毛笔的笔头可以分为三个部分,即笔尖、笔腹和笔根,如图2-1所示。其中笔尖是笔头的尖端,是主要与纸面接触的部分;笔腹是笔头的中段,主要用来存储墨汁;笔根是笔头与笔管的连接部分,一般较粗、较硬。

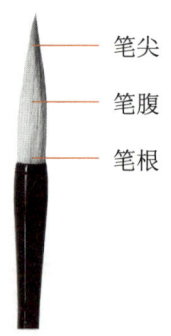

图2-1 毛笔笔头的组成部分

1. 毛笔的分类

根据笔头原料的不同,毛笔可以分为以下三种。

(1)硬毫笔:笔头由硬度较大的动物毛制成,常用的动物毛有黄鼠狼毛、紫兔毛、獾毛等；这种笔的笔头弹性较大，写出的字笔锋锐利、气势强劲。

（2）软毫笔：笔头由较为柔软的动物毛制成，常用的动物毛有羊毛、鸡毛等；这种笔的笔头蓄墨量大，写出的字线条圆润、韵味十足，但其弹性较小，不易控制，适合有一定基础的书写者使用。

（3）兼毫笔：笔头由不同硬度的动物毛混合制作而成，比较常见的有由兔毛和羊毛混合制作而成的；这种笔的笔头软硬兼备、弹性适中，写出的字可粗可细，适合初学者使用。

根据笔尖长度的不同，毛笔可以分为以下三种。

（1）长锋笔：笔尖较长，笔腹柔软且富有弹性，蓄墨量大，如图2-2所示，适合书写字形较大的草书；书写时提按幅度较大，节奏感强，但不好控制，不太适合初学者使用。

（2）中锋笔：笔尖长度适中，比较容易把控，如图2-3所示，适用于各种书体的书写，但只适合书写中等大小的字。

（3）短锋笔：笔尖较短，笔腹较硬，蓄墨量小，如图2-4所示，适合书写小楷；书写时提按幅度较小，行笔速度较快。

图2-2　长锋笔　　　　　　图2-3　中锋笔　　　　　　图2-4　短锋笔

2. 毛笔的挑选

判断毛笔的质量是否优良的标准主要有四个，即"尖、齐、圆、健"，这也是所谓的毛笔"四德"，是挑选毛笔的重要参考依据。

（1）尖：当笔头被聚拢时，笔尖要尖，这样才能使写出的字笔锋明显、生动传神，如图2-5所示。

（2）齐：当笔尖被润开压平后，笔毫要平齐，这样才能做到"万毫齐力"，使写出的字饱满圆润，如图2-6所示。

（3）圆：笔头要浑圆丰盈，呈圆锥状，这样才能使行笔力道均匀、回转自如，如图2-7所示。

（4）健：将笔重按后提起，笔头能自然恢复原状，这样可以说明笔头劲健有力、富有弹性，如图2-8所示。

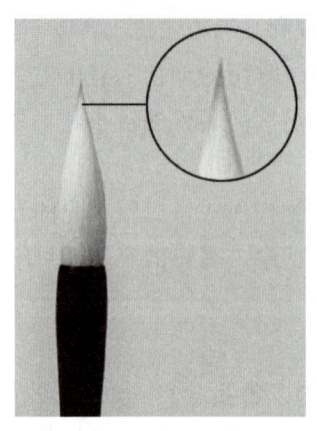
图 2-5 尖

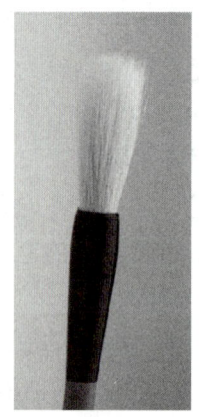
图 2-6 齐

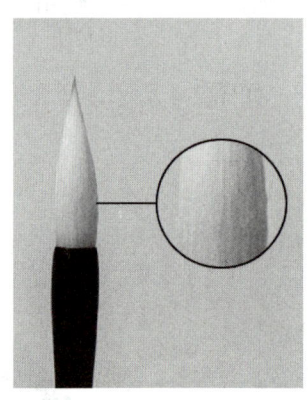
图 2-7 圆

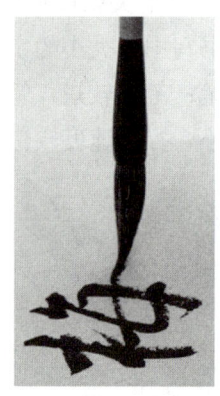
图 2-8 健

除了上面提到的"四德"之外,挑选毛笔时还要注意笔管,理想的笔管应该周正笔直、坚实硬挺。当然,挑选毛笔时最重要的还是考虑自己的书写习惯和目的,尽量选择符合自身需求的毛笔。

3. 毛笔的使用和保养

正确使用和保养毛笔,不但能够延长毛笔的使用寿命,而且有利于提升书写效果,具体来说应做到以下几点。

(1) 在启用新毛笔之前,需要先发笔。发笔是指将新毛笔的笔头浸入温水之中,以使笔头部位的胶质脱落、笔尖充分散开。要注意浸泡的时间不宜过长,水温不宜过低或过高。

(2) 在开始书写之前,还要润笔,即用清水浸润毛笔的笔毫。润笔可以增强笔毫的韧性,防止笔毫在书写过程中断裂。

(3) 润笔之后要用吸水纸尽可能吸干笔毫中的水,然后顺着笔毫的走向蘸墨,并将笔毫理顺、理尖、理圆。若蘸墨过多,可以在砚台边缘刮去部分墨汁并再次理顺笔毫。

(4) 书写时,要注意不能横向或逆向滚压笔毫,以免损坏毛笔。同时还要注意时常转动笔管，保证毛笔的每一面都接触纸面、受力均匀。

（5）每次使用完毛笔之后，都要立即清洗。洗笔时要顺水慢洗，洗净后顺势理顺笔毫，挤出其中的水，然后将毛笔悬挂起来放置于干燥通风处，让笔毫中残留的水自然挥发。

（二）墨

墨是毛笔书写中另一样必不可少的工具，只有凭借它，毛笔书法的气韵和风采才能完美展现出来。

1. 墨的分类

根据原料的不同，墨主要可以分为油烟墨和松烟墨两种，如图2-9所示。

图2-9 油烟墨和松烟墨

（1）油烟墨：以动植物油烧出的灰烬为主要原料制作而成的墨，其特点是墨色黑中透亮，质地较为坚实，入纸不易洇。

（2）松烟墨：以松木烧出的灰烬为主要原料制作而成的墨，其特点是墨色乌黑、没有光泽，质地较为细腻，易于研磨。

2. 墨的挑选

墨的优劣会直接影响书写的效果，判断墨的质量优劣的标准主要有以下四点。

（1）质细：墨质地细腻，不含杂质和气泡。

（2）胶轻：墨的含胶量适中，磨出的墨汁不涩笔。

（3）色黑：墨的颜色乌黑亮丽，以黑中泛紫光为最佳。

（4）音清：磨墨时发出的声音清脆。

挑选墨时还要考虑墨的形态，墨主要有墨锭和成品墨汁两种形态。

墨锭是块状的、固体形态的墨，是一种历史较为悠久、比较传统的墨，如图2-10所示。使用时需要用清水研磨成墨汁。用墨锭磨出的墨汁色泽鲜亮，较为稳定，可以留存较长时间，且墨色的浓淡可以自己决定。

成品墨汁是可以直接使用的、液体形态的墨，是一种随着近现代制墨业的发展而出现的墨，如图 2-11 所示。成品墨汁节省了研磨的时间和精力，易于使用，便于携带，但在色泽和稳定性上不如墨锭磨出的墨汁，且墨色是固定的，缺乏变化。

图 2-10　墨锭

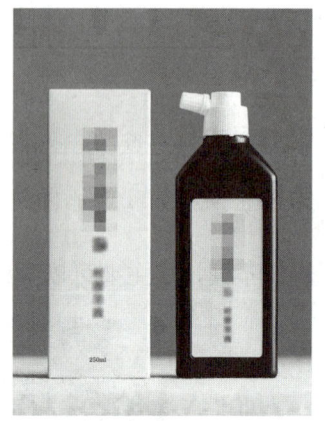

图 2-11　成品墨汁

方便的成品墨汁适合初学者用来练习，而质地更好的墨锭适合有一定基础的学习者用来创作书法作品。

3．墨的使用和保养

使用墨锭前，要先在砚台里倒入清水，水量宜少不宜多；磨墨时要拿正、抓稳墨锭，将墨锭沿顺时针方向画大圈，重按慢磨，以确保磨出的墨汁细腻而不起沫；磨完之后，不能把墨锭留在砚台中，要将墨锭擦干收好并置于干燥阴凉的环境中。

使用成品墨汁时，根据书写需求将适量的墨汁倒在砚台中即可，要注意未用完的墨汁不可再倒回瓶中，以免污染瓶中剩余的墨汁。

（三）纸

纸是中国古代四大发明之一，也是毛笔书写的必备工具。

1．纸的分类

毛笔书写最常用的纸是宣纸，它因产于安徽泾县（唐代属宣州，今安徽宣城）而得名。根据加工方式的不同，宣纸可以分为以下三种。

（1）生宣：未经加工的宣纸，吸水性较强，能够呈现丰富的墨色变化。

（2）熟宣：加工时用明矾处理过的宣纸，纸质较硬，吸水性较弱，使用时墨汁不易洇开。

（3）半熟宣：介于生宣和熟宣之间的一种宣纸，吸水性适中，便于控制墨色，适合作为初学者的练习用纸。

根据尺寸的不同，宣纸还可以分为三尺宣、四尺宣、五尺宣、六尺宣、七尺宣、八尺宣和丈二宣等，不同尺寸的宣纸适用于不同类型的创作。

2. 纸的挑选

质量好的纸应该有质地柔软而有韧性、纹理细致、耐腐不蛀等特点。初学者最开始可以用一些较为普通的纸来练习，等到书写水平逐渐提升，再根据需求选择更加多样、质量更好的纸。

（四）砚

砚，又称"砚台""砚池"，它不仅是磨墨或舔笔的工具，还是具有收藏价值的工艺品，如图 2-12 所示。根据制作材料的不同，砚台可以分为石砚、陶砚、瓷砚、玉砚等，其中最常见且最实用的是石砚。

图 2-12　砚台

质量好的砚台应该有润泽有光、贮水不涸、肌理细腻、易于发墨等特点。

砚台的使用和保养要注意两个方面：一是要随用随磨，磨墨时要用力均衡，以保持砚台重心平稳；二是每次使用后都要冲洗干净，以免损伤砚面。

舔（tiǎn）笔：用毛笔蘸墨后斜着在砚台上理顺笔毫或除去多余的墨汁。

二、书写姿势

毛笔书写比较常用的姿势主要有坐姿和立姿两种。

（一）坐姿

坐姿适合书写较小的字或篇幅较短的作品，同时也是最适合初学者的书写姿势，如图 2-13 所示。

图 2-13 坐姿

坐姿书写的要领主要包括以下四点。

（1）头正：头部保持端正，不能左右歪斜，同时稍向前倾，眼睛和纸面保持约一尺的距离，这样既有利于写字，又能保护视力。

（2）身直：两肩端平，腰背挺直，略微前倾，胸部和桌沿保持约一拳的距离，保证上身稳定，呼吸顺畅。

（3）臂开：双臂自然张开，一手执笔，一手按纸，两手协调配合，才能写出端正、规整的字。

（4）足安：两脚自然平放，间距与肩同宽，不能交叉搭腿，也不能翘起脚尖。

（二）立姿

立姿可以分为立式俯写和立式书壁两种。

1. 立式俯写

立式俯写，即把纸放在桌面上，站立着写字的姿势，如图 2-14 所示，这种姿势的可视范围和活动范围较大，因此适合书写较大的字或篇幅较长的作品。

图 2-14 立式俯写

立式俯写的要领主要包括以下四点。

（1）头俯：头部略微低垂，俯视纸面，使纸、笔、墨迹尽收眼底，以确保下笔准确、行笔到位。

（2）身躬：上身略向前倾，微微弯腰，以保持平衡。

（3）臂悬：执笔的手悬空，手肘和手腕均离开纸面，另一只手按住纸张并起支撑作用；这样能使执笔的手大幅度地上下伸展、左右挥洒，使书写自由潇洒。

（4）足开：两脚自然分开，间距与肩同宽；行笔时，左脚略前，右脚稍后，以稳定重心，便于运笔。

2. 立式书壁

立式书壁，即把纸竖挂在墙壁上，站在墙壁前书写的姿势，如图2-15所示。这种姿势的基本要求是：面向墙壁站立，一只手执笔，手臂略微弯曲，另一只手端着盛放墨汁的容器；在书写过程中，要根据字的位置变化，靠双腿的屈伸来灵活调节身体的高度，以达到最佳的书写姿态与效果。

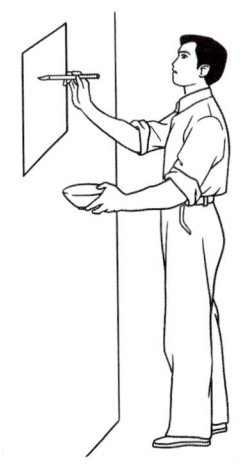

图2-15　立式书壁

采用这一姿势书写时，还要控制好毛笔的蓄墨量，过大会使墨汁下淌，过小则会导致毛笔干涩，行笔困难，从而影响书写效果。立式书壁难度较大，但是能够有效提升书写者的运腕和用墨水平。

三、执笔方法

掌握正确的执笔方法是写好毛笔字的必要条件，只有方法得当，书写时才能得心应手、挥洒自如。

（一）五指执笔法

五指执笔法是指五根手指各司其职，用按、压、钩、顶、抵来控制毛笔运行的执笔方法，也是毛笔书写最常用的执笔方法，如图2-16所示。

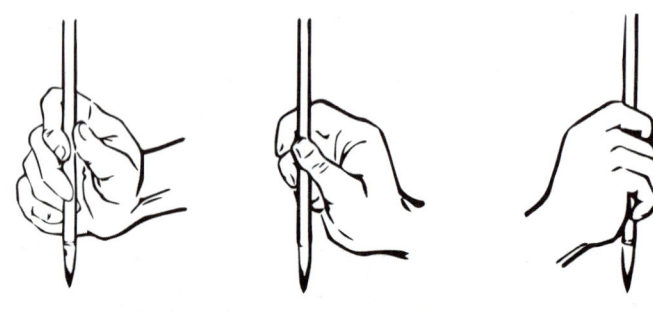

图2-16　五指执笔法

（1）按：用大拇指的第一指节紧贴笔管内侧，由外向内施力，可以起到按紧、推动毛笔的作用。

（2）压：用食指的第一指节贴住笔管外侧，斜而俯地发力，所施加的力度应与拇指的力度相当；拇指和食指互相配合，共同约束笔管，发挥运笔的主力作用。

（3）钩：在拇指和食指的约束下，将中指的第一、二指节弯曲，钩住笔管外侧，施力使笔管下行。

（4）顶：用无名指的指甲边缘紧贴笔管内侧，由内向外施力，将中指钩向内的笔管顶住，使笔尖向上运行。

（5）抵：用小拇指托住无名指，助力无名指完成推、送、往、返等运笔动作。

（二）执笔要求

毛笔书写的执笔要求主要包括指实和掌虚两个方面。

指实要求执笔时手指把笔握牢执稳，不过这并不意味着力度越大越好，用力过猛反而会导致手指僵硬而不利于运笔，指实的精髓在于用适当的力度控制好笔。

掌虚要求执笔时手掌和五指共同形成一个椭圆状的空间，即虎口张开，小拇指和掌心保持一定的距离；这样可以在指实的前提下留出手指活动的空间，便于灵活运笔。

（三）运腕方法

毛笔书写常用的运腕方法主要有以下三种。

（1）枕腕法：将另一只手垫在手腕下面，或用专门的垫子承托手腕的运腕方法，如图2-17所示。

（2）提腕法：手肘支撑在桌面上，手腕微提的运腕方法，如图2-18所示。

（3）悬腕法：手肘和手腕都悬空，不接触桌面的运腕方法，如图2-19所示。

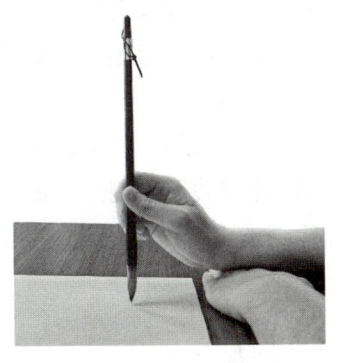

图 2-17　枕腕法　　　　　图 2-18　提腕法　　　　　图 2-19　悬腕法

四、运笔技法

运笔技法是指书写汉字笔画时的用笔方法，具体指运笔的轻重、缓急、收放等。一个笔画的书写过程一般包括起笔、行笔和收笔三个步骤：起笔，即笔尖与纸面接触的瞬间；行笔，即书写者通过手指和手腕的运动，使笔在纸面上移动的过程；收笔，即笔画结束把笔收住的瞬间。运笔技法就蕴藏在笔画的起笔、行笔和收笔之中。

毛笔书写的运笔技法主要包括中锋与侧锋、藏锋与露锋、提笔与按笔、转笔与折笔。

（一）中锋与侧锋

中锋，又称"正锋"，是指使笔尖在笔画的中线运行的用笔方法，如图 2-20 所示。中锋行笔可以让墨汁顺着笔尖向两侧均匀渗开，使笔画浑厚刚劲，圆润饱满，有立体感。

侧锋，又称"偏锋"，是指使笔尖在笔画的一侧运行的用笔方法，如图 2-21 所示。侧锋行笔会使笔画一侧光滑，一侧呈锯齿状。

中锋与侧锋

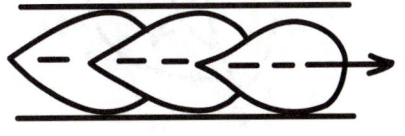
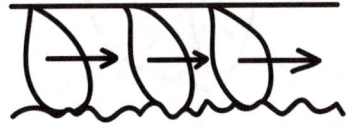

图 2-20　中锋　　　　　　　　　图 2-21　侧锋

需要注意的是，在行笔时一味地使用侧锋会导致笔画绵软无力，缺乏韧性。正如古人所说的"正锋取劲，侧笔取妍"，中锋与侧锋结合使用，才能使笔画方圆分明、灵动多姿。

（二）藏锋与露锋

藏锋，又称"回锋"，是指在起笔和收笔时，将笔锋藏在笔画中不显露出来的用笔方法，如图 2-22 所示，多给人以含蓄内敛、沉稳厚重之感。藏锋起笔时，要使起笔方向与笔画方向相反。例如，竖画的方向为从上向下，那么起笔时就要从下向上起笔，以隐藏笔锋；藏锋收笔时，要使笔锋回到笔画内再收笔，以起到"护尾"的作用。

露锋，又称"出锋"，与藏锋相对，是指将笔锋显露出来的用笔方法，如图 2-23 所示，多给人以神采飞扬、爽利劲挺之感，还便于展现笔画之间的呼应关系。例如，在书写撇画时，露锋起笔后转中锋向左下行笔，行至末端提笔，使笔画出尖露锋。

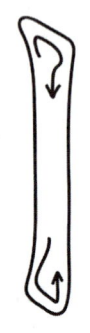
图 2-22 藏锋

图 2-23 露锋

（三）提笔与按笔

提笔是指将笔尖轻提，使墨色聚拢的用笔方法，如图 2-24 所示，可以写出纤细流畅的笔画；按笔是指将笔尖重按，使墨色铺开的用笔方法，如图 2-25 所示，可以写出粗壮厚重的笔画。

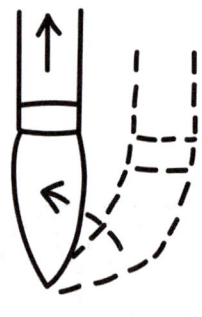
图 2-24 提笔

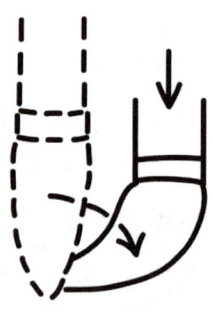
图 2-25 按笔

通过适当的提笔与按笔，书写者可以写出粗细不同、虚实不一的富于变化的线条，使笔画更为生动活泼。需要注意的是，书写时若只提不按，笔画会显得软弱无力；若只按不提，笔画则会显得呆板笨拙。提按得当，写出的字才韵味十足。

（四）转笔与折笔

转笔是指运笔时使笔尖圆转回旋的用笔方法，如图 2-26 所示，可以写出圆润平滑、没有棱角的笔画。正所谓"转以成圆"，转笔的关键在于转的时候笔不能停驻，要顺势而行。

折笔是指运笔时通过向笔尖施加压力而改变行笔方向，以形成折角的用笔方法，如图 2-27 所示，可以写出刚劲方正、棱角分明的笔画。正所谓"折以成方"，折笔的关键在于折的时候要骤然用力，使笔停驻。

图 2-26　转笔

图 2-27　折笔

转笔与折笔是相辅相成、互为补充的，运笔要有转有折，以使笔画方圆兼备、灵动自然。

第二节　毛笔书写方法

一、毛笔楷书的书写方法

毛笔楷书笔画端正，结构严谨，充满端庄大气之感，是毛笔书写十分常用的一种字体。在这一部分，我们将以颜真卿的楷书字体为例，从常用笔画、常见部首和结构类型三个方面来介绍毛笔楷书的书写方法。

（一）常用笔画

1. 点画

点画短小精悍，在不同字或字中不同位置的形态各不相同，看似简单，实则变化丰富。点画主要有侧点、竖点、撇点和挑点四种。

（1）侧点：逆锋起笔，随后向右下行笔，渐行渐按，最后向左上回锋收笔，如图 2-28 所示。

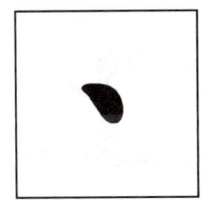  

图 2-28　侧点

（2）竖点：逆锋起笔，随后向右略微顿笔，然后向下稍行，最后向上回锋收笔，如图2-29所示。

图2-29　竖点

（3）撇点：逆锋起笔，随后向右下略微顿笔，然后向左下行笔，渐行渐提，行至末端收笔出锋，如图2-30所示。

图2-30　撇点

（4）挑点：逆锋起笔，随后向右下行笔，行至末端略微顿笔，然后向右上挑出，收笔出锋，如图2-31所示。

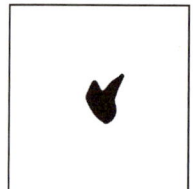  

图2-31　挑点

2．横画

横画如同字的横梁，在字中起平衡作用，因而要写得平稳，但不宜过于平直，而是应该左低右高，略带斜势。横画主要有长横和短横两种。

（1）长横：逆锋起笔，向右下稍顿，形成尖角后略微提笔，随后略向右上行笔，行至末端向右下稍顿，最后向左回锋收笔，如图2-32所示。

图2-32　长横　　　　　　　　　　长横

（2）短横：写法与长横类似，但长度较短，整体较粗，如图2-33所示。

图2-33 短横

3. 竖画

竖画如同字的支柱，在字中起支撑作用，决定了一个字的重心是否平稳，所以要写得挺拔稳健。竖画主要有垂露竖和悬针竖两种。

（1）垂露竖：逆锋起笔，向右下稍顿，随后向下中锋行笔，行至末端向右下稍顿，最后向上回锋收笔，如图2-34所示。

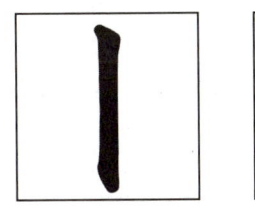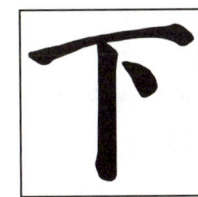

图2-34 垂露竖

（2）悬针竖：逆锋起笔，向右下稍顿，随后向下中锋行笔，行至末端提笔出锋，如图2-35所示。

图2-35 悬针竖

4. 撇画

撇画如同字的手足，姿态活泼，可伸可屈，具有动感；它常与捺画搭配使用，左右呼应，起着稳定字形的作用。撇画主要有长撇、短撇和竖撇三种。

（1）长撇：逆锋起笔，向右下稍顿，随后向左下呈弧形行笔，渐行渐提，行至末端收笔出锋，如图2-36所示。

图 2-36　长撇

（2）短撇：逆锋起笔，向右下稍顿，随后向左下迅速撇出，出锋果断利落，如图 2-37 所示。

图 2-37　短撇

（3）竖撇：逆锋起笔，向右下稍顿，随后竖直向下行笔，行至中段转笔向左下行笔，渐行渐提，行至末端收笔出锋，如图 2-38 所示。

图 2-38　竖撇

5．捺画

捺画是向右下方伸展的笔画，常与撇画搭配，构成字的两翼，在字中起协调、平衡的作用。捺画主要有斜捺和平捺两种。

（1）斜捺：逆锋起笔，随后向右下由轻到重行笔，行至末端稍顿，然后提笔向右出锋，如图 2-39 所示。

图 2-39　斜捺

（2）平捺：写法与斜捺类似，但笔画走势较为平缓，如图2-40所示。

图2-40　平捺

6. 提画

提画的写法是逆锋起笔，向右下稍顿，随后调转笔锋向右上由重到轻行笔，行至末端收笔出锋，如图2-41所示。提画的角度和长度在不同字中或同字不同位置略有不同，要灵活变化。

图2-41　提画

7. 派生笔画

毛笔楷书中常用的派生笔画主要有横钩、横折、横撇、竖钩、竖折、竖弯钩、弯钩、斜钩和卧钩等。

（1）横钩：先写横画，横画较细，行至末端略微提笔，再向右下重顿，然后调转笔锋向左下出锋成钩，钩画短小而锐利，如图2-42所示。

图2-42　横钩

（2）横折：先写横画，横画较细，行至末端略微提笔，再向右下顿笔，形成明显的折角，然后略向左下行笔，行至末端向上回锋收笔，如图2-43所示。

图 2-43　横折

（3）横撇：先写横画，横画较细，行至末端略微提笔，再向右下重顿，然后调转笔锋向左下呈弧形行笔，渐行渐提，行至末端收笔出锋，如图 2-44 所示。

图 2-44　横撇

（4）竖钩：先写竖画，行至末端略微向上回锋，然后调转笔锋向左上出锋成钩，如图 2-45 所示。

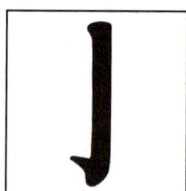

图 2-45　竖钩

（5）竖折：先写竖画，行至末端略微提笔，再向右下重顿，然后调转笔锋向右行笔，行至末端向右下稍顿，最后向左回锋收笔，如图 2-46 所示。

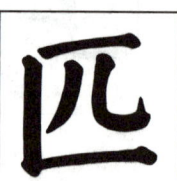

图 2-46　竖折

（6）竖弯钩：起笔略向左下写竖画，然后圆转向右行笔，行至末端稍顿，略微向左回锋，最后向上出锋成钩，如图 2-47 所示。

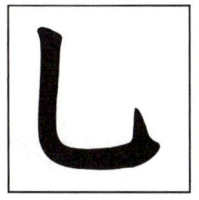 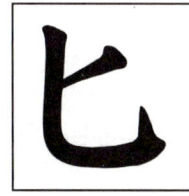 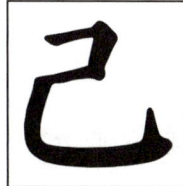

图 2-47　竖弯钩

（7）弯钩：起笔较轻，随后向下由轻到重呈弧形行笔，行至末端稍顿，略微向上回锋，最后向左上出锋成钩，如图 2-48 所示。

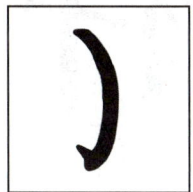  

图 2-48　弯钩

（8）斜钩：逆锋起笔，随后向右下呈弧形行笔，行至末端稍顿，略微向左回锋，最后向上出锋成钩，如图 2-49 所示。

图 2-49　斜钩

（9）卧钩：起笔较轻，随后先斜向右下、再向右由轻到重呈弧形行笔，行至末端稍顿，略微向左回锋，最后向左上出锋成钩，如图 2-50 所示。

图 2-50　卧钩

（二）常见部首

1. 左偏旁

书写左偏旁时要注意收敛笔画，为右部留出空间。常见的左偏旁有"亻""氵""扌""忄"等。

（1）亻：先写较斜的短撇，再从短撇中间偏下处起笔，向下写垂露竖，如图 2-51 所示。

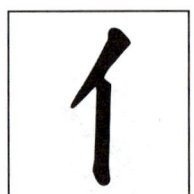

图 2-51 亻

（2）氵：先写第一个侧点，再在下方偏左处写第二个侧点，然后在下方写挑点，如图 2-52 所示。

图 2-52 氵

（3）扌：先略向右上写短横，再在稍高处起笔写竖钩，然后从竖钩左侧起笔写提画；被竖钩分割的短横和提画都左长右短，如图 2-53 所示。

图 2-53 扌

（4）忄：先写首点，再写次点，然后在两点中间写垂露竖；首点竖直，次点较斜；首点低，次点高；首点大，次点较小，如图 2-54 所示。

图 2-54　忄

2. 右偏旁

右偏旁应写得较为舒展，以符合汉字左紧右松的结构规律。常见的右偏旁有"刂""阝（右）""戈""攵"等。

（1）刂：先写较短的垂露竖，再在竖画右上方起笔写竖钩，挺拔有力；竖画与竖钩间距适当，互相平行，如图 2-55 所示。

图 2-55　刂

（2）阝：先写横撇，再在下方写弯钩，横撇较小，弯钩较大，然后在横撇头部起笔写悬针竖，如图 2-56 所示。

图 2-56　阝

右耳刀

知识链接　左耳刀和右耳刀的区别

第一个区别是左耳刀的耳部比较小巧，右耳刀的耳部比较宽大，这是因为左耳刀要为右侧的笔画留出位置，而右耳刀右侧没有笔画，可以写得舒展一些；第二个区别是左耳刀的竖画为垂露竖，右耳刀的竖画为悬针竖，这是因为右耳刀的竖画为字的最后一笔，要写作悬针竖，而左耳刀的竖画是中间的笔画，要写作垂露竖。

（3）戈：先略向右上写短横，再在稍高处起笔写斜钩，然后在斜钩中部右侧起笔写撇画，最后在短横上方写侧点，如图 2-57 所示。

图2-57 戈

（4）攵：先写较为竖直、较短的上撇，再从上撇中间偏下处起笔，略向右上写短横，然后从短横下方偏左处起笔，写较为弯曲、较长的下撇，最后从上撇末端起笔写斜捺，如图2-58所示。

图2-58 攵

3．字头

字头位于字的顶部，要写得具有统领全局的效果，其宽窄程度应视整个字的布局而定。常见的字头有"人""冖""卝""竺"等。

（1）人：先写长撇，再从靠近长撇顶端处起笔写斜捺；长撇较长，底部较低，斜捺较短，底部较高，如图2-59所示。

图2-59 人

（2）冖：先略向左下写侧点，再紧接侧点写横钩，钩尖指向字心，如图2-60所示。

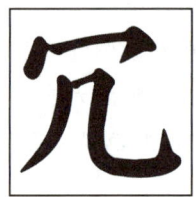

图2-60 冖

（3）艹：先略向右下写短竖，再从短竖左侧起笔写短横；然后在短横右侧不远处露锋起笔写第二个短横，最后在上方起笔向左下写短撇，如图2-61所示。

图2-61　艹

（4）𥫗：先写短撇，在短撇中部起笔略向右上写短横，再在短撇和短横相交处起笔写侧点；左右两部分的写法基本相同，但左低右高，如图2-62所示。

图2-62　𥫗

4. 字底

字底位于字的底部，如底盘一样承托整个字，因此要写得宽展有力。常见的字底有"灬""心""女""皿"等。

（1）灬：从左到右依次写四个侧点，首点略向左下倾斜，末点略向右下倾斜；首点和末点较大，中间两点较小；四点间距均匀，整体呈向下发散状，如图2-63所示。

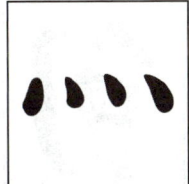  

图2-63　灬

（2）心：先由上到下写第一个侧点，再在右侧写卧钩，然后在卧钩中部上方写挑点，最后在挑点右侧稍高处写第二个侧点，如图2-64所示。

图2-64　心

（3）女：先写较短、较直的首撇，再紧接首撇末端写较长的点画，然后在首撇右侧起笔写较长、较弯的次撇，最后略向右上写长横，如图2-65所示。

图2-65　女

（4）皿：先略向右下写短竖，再在短竖右侧写横折，然后在横折内部写两个短竖，最后在下方写长横，与四个竖画相接，如图2-66所示。

图2-66　皿

5．字框

字框有半包围和全包围之分，半包围是指字框包围内部结构的两面或三面，全包围是指字框将内部结构完全包围。常见的字框有"勹""凵""门""口"等。

（1）勹：先写短撇，再从短撇中间偏上处起笔写横折钩，横折钩中的竖钩稍向内收，如图2-67所示。

图2-67　勹

（2）凵：先写竖折，再在竖折右上方起笔，略向左下写竖画；两竖相向，左短右长；整体上开下合，形态宽扁，如图2-68所示。

图2-68　凵

(3) 门：先写侧点，再在侧点左下方写垂露竖，然后在侧点右侧起笔写横折钩，如图 2-69 所示。

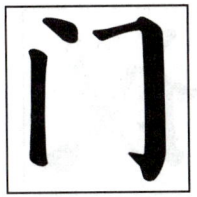  

图 2-69　门

(4) 口：先写垂露竖，再紧接竖画写横折钩，然后在下方写横画；在整字中，下方的横画应为整字的末笔；整体轮廓方正，呈长方形，下方要留有缺口，不宜封死，如图 2-70 所示。

 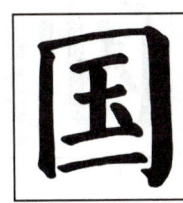 

图 2-70　口

课堂互动

你还知道哪些部首呢？说一说它们的写法吧。

（三）结构类型

1. 独体字

独体字看似简单，但要写好并不容易，其笔画安排讲究重心稳定、主笔突出、上下对正，如图 2-71 所示。

图 2-71　独体字

2. 左右结构

左右结构的字又可以分为左窄右宽、左宽右窄和左右均等三种类型。

（1）左窄右宽：这类字的左部较窄，笔画宜收紧；右部为主体，应充分舒展，以使字形饱满、均衡，如图2-72所示。

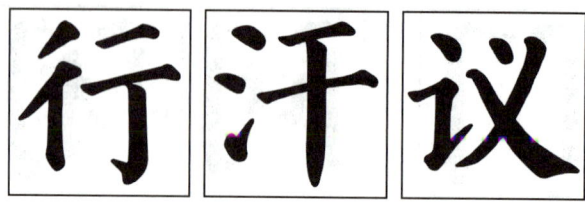

图2-72　左窄右宽

（2）左宽右窄：在这类字中，左部为主体，笔画要舒展，但不能过于松散；右部辅助左部，占比较小，但为了整体和谐，也不宜写得过于紧凑，如图2-73所示。

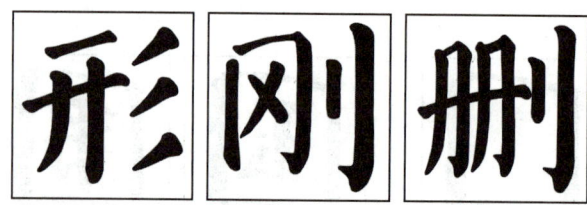

图2-73　左宽右窄

（3）左右均等：这类字左右两个部分的比重大致相等，整体比较匀称；书写时，要注意使左右两个部分均匀分布，互相呼应，如图2-74所示。

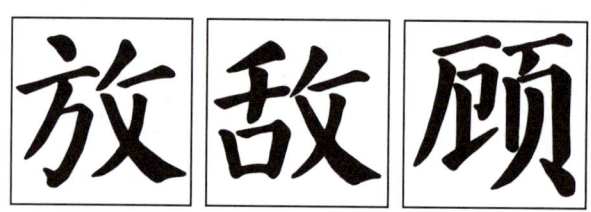

图2-74　左右均等

3．左中右结构

左中右结构的字笔画较多，书写时要把每个部分都写得稍窄一些，力求紧凑，避免整体字形过于宽大；此外，各个部分之间要穿插避让，以使整体和谐有序，如图2-75所示。

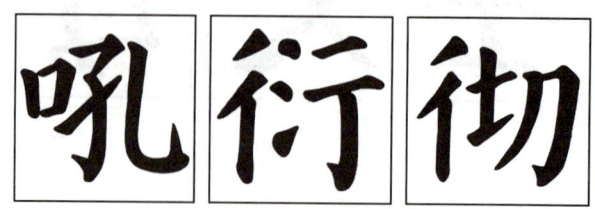

图2-75　左中右结构

4. 上下结构

上下结构的字又可以分为上窄下宽和上宽下窄两种类型。

（1）上窄下宽：这类字的下部常包含长横、撇画和捺画等较为舒展的笔画；书写时，应注意使上部收紧，下部伸展，以保证字形稳定，如图 2-76 所示。

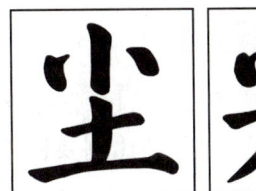  

图 2-76　上窄下宽

（2）上宽下窄：这类字上部宽大舒展，下部窄小紧凑；书写时，应注意上下两个部分笔画的疏密变化，以使整体字形协调美观，如图 2-77 所示。

图 2-77　上宽下窄

5. 上中下结构

书写上中下结构的字时，要将各个部分写得稍扁一些，避免整体字形过长；同时要注意把控好各个部分的位置和宽度，以使各个部分中心对正，疏密有致，大小适宜，如图 2-78 所示。

图 2-78　上中下结构

上中下结构

6. 半包围结构

半包围结构的字又可以分为左上包右下、左下包右上、右上包左下、下包上、上包下和左包右六种类型。

（1）左上包右下：这类字的包围部分多含有撇画，要尽量向左伸展；被包围部分应写得外扩舒展，适当突破包围结构，以避免整体显得局促，如图 2-79 所示。

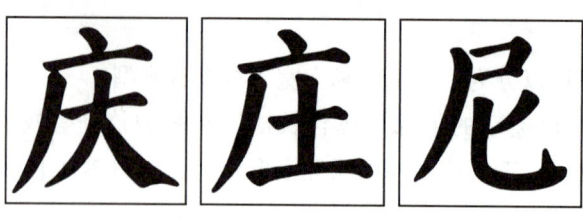

图 2-79　左上包右下

（2）左下包右上：这类字的包围部分应舒展有力，以起到承托被包围部分的作用；被包围部分应向左下靠拢，以呼应包围部分；两部分的比例要协调，以使整体结构清晰，姿态美观，如图 2-80 所示。

图 2-80　左下包右上

（3）右上包左下：这类字的包围部分多包含钩画；当钩画向内时，应将钩画写得较为紧凑，当钩画向外时，应将钩画写得较为舒展；被包围部分可适当向左下伸展，以稳定字形，使整体结构和谐有序，如图 2-81 所示。

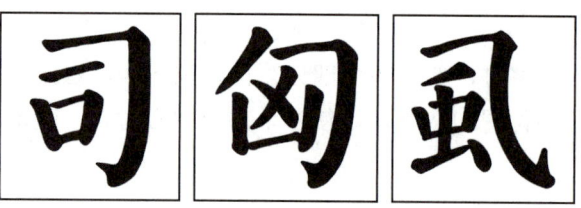

图 2-81　右上包左下

（4）下包上：这类字的包围部分一般上宽下窄，较为宽扁；被包围部分应向下沉，靠近包围部分，如图 2-82 所示。

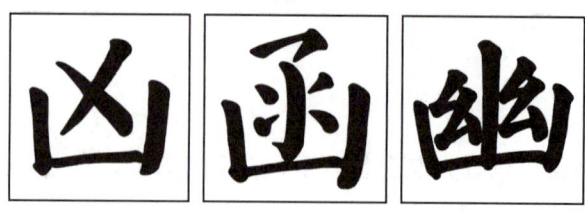

图 2-82　下包上

（5）上包下：这类字的包围部分囊括被包围部分，被包围部分应向上靠，不可下坠；整体重心略微靠上，如图2-83所示。

图2-83　上包下

（6）左包右：这类字的包围部分多由横画和竖折组成，其中下横应略长于上横；被包围部分应均匀分布，端正平稳，如图2-84所示。

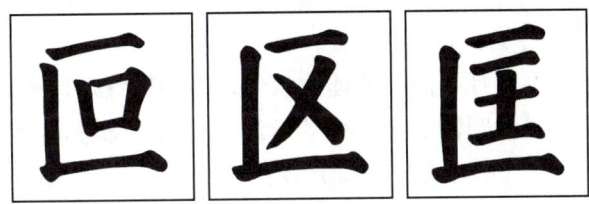

图2-84　左包右

7. 全包围结构

在全包围结构的字中，包围部分的大小应根据内部笔画的多少和形态进行调整；被包围部分要均匀分布，位置居中，如图2-85所示。

图2-85　全包围结构

8. 繁杂结构

书写繁杂结构的字时，要合理安排各个部分，关键在于内紧外松，排列缜密，穿插适当，力求把错综复杂的结构关系处理得井然有序，如图2-86所示。

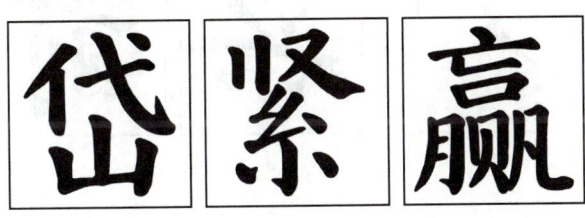

图2-86　繁杂结构

9. 品字结构

品字结构的字由三个相同的部分组成，其中上部应居中，左下部分要写得稍小，右下部分则要写得稍大，如图 2-87 所示。

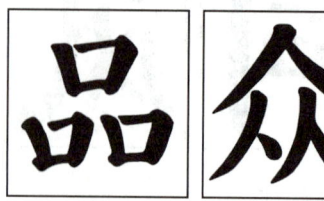

图 2-87　品字结构

二、毛笔行书的书写方法

和毛笔楷书相比，毛笔行书的行笔速度较快，多用露锋，同时多以转笔代替折笔，笔画之间多呼应连带，显得圆润流畅、生动活泼。在这一部分，我们将以赵孟頫的行书字体为例，从常用笔画、常见部首和结构类型三个方面来介绍毛笔行书的书写方法。

（一）常用笔画

1. 点画

（1）侧点：露锋起笔，向右下行笔，行至末端稍顿，然后向左下出锋；出锋的方向多指向下笔的起笔处，以强化笔画之间的连贯性，如图 2-88 所示。

图 2-88　侧点

（2）撇点：露锋起笔，向右下稍行，随即转笔向左下出锋，如图 2-89 所示。

图 2-89　撇点

（3）挑点：露锋起笔，向右下稍顿，随后转笔向右上挑出，收笔出锋，如图 2-90 所示。

图 2-90　挑点

2．横画

（1）长横：露锋起笔，随后略向右上行笔，倾斜角度比楷书略大，行至末端顿笔即收，也可出锋启带下笔；整体两端较粗，中段较细，如图 2-91 所示。

图 2-91　长横

（2）短横：露锋起笔，随后略向右上行笔，行至末端回锋收笔，也可出锋启带下笔，如图 2-92 所示。

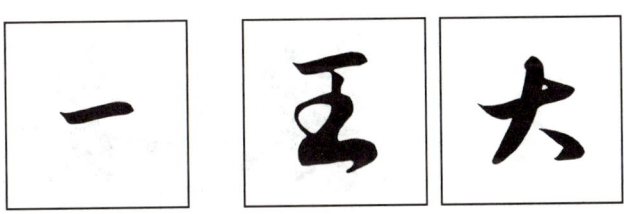

图 2-92　短横

3．竖画

（1）垂露竖：逆锋起笔，向右下稍顿，随后向下中锋行笔，行至末端稍顿，最后向上回锋收笔，也可出锋启带下笔，如图 2-93 所示。

图 2-93　垂露竖

（2）悬针竖：逆锋起笔，向右下稍顿，随后向下中锋行笔，行至末端提笔出锋，如图 2-94 所示。

图 2-94　悬针竖

4. 撇画

（1）长撇：露锋起笔，向右下稍顿，随后转笔向左下呈弧形行笔，行至末端收笔出锋，如图 2-95 所示。

图 2-95　长撇

（2）短撇：露锋起笔，向右下稍顿，随后向左下迅速撇出，出锋锐利，如图 2-96 所示。

图 2-96　短撇

5. 捺画

（1）斜捺：露锋起笔，随后向右下由轻到重行笔，行至末端稍顿，最后向右出锋，如图 2-97 所示。

图 2-97　斜捺

（2）平捺：露锋起笔，随后向右下行笔，倾斜角度较小，行至末端稍顿，最后向右平出，如图2-98所示。

图2-98　平捺

6. 提画

提画的写法是逆锋起笔，向右下稍顿，随后调转笔锋向右上挑出，如图2-99所示。

图2-99　提画

提画

7. 派生笔画

毛笔行书中常用的派生笔画主要有横钩、横折、竖钩、竖折和弯钩等。

（1）横钩：先略向右上由重到轻写横画，行至末端稍顿，再调转笔锋向左下出锋成钩，如图2-100所示。

图2-100　横钩

（2）横折：先略向右上写横画，行至末端稍顿，再略向左下行笔写竖画，竖画末端可出锋启带下笔，如图2-101所示。

图2-101　横折

（3）竖钩：先写竖画，行至末端稍顿，再迅速向左上出锋成钩，如图 2-102 所示。

图 2-102　竖钩

（4）竖折：先写竖画，行至末端略微提笔，再转笔向右行笔，行至末端顿笔即收，如图 2-103 所示。

图 2-103　竖折

（5）弯钩：露锋起笔，随后向下呈弧形行笔，行至末端顺势向左上出锋成钩，如图 2-104 所示。

图 2-104　弯钩

（二）常见部首

1. 左偏旁

（1）亻：先写撇画，再向右上连写竖画，竖画末端可出锋启带下笔，如图 2-105 所示。

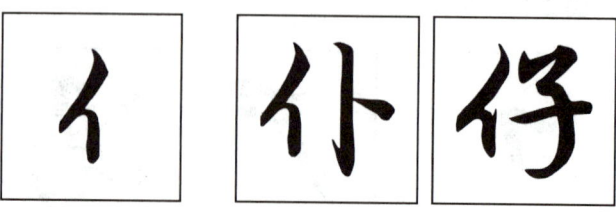

图 2-105　亻

（2）氵：三点呈弧形排列，前两点呈俯视之态，次点位置略微靠左，末点向右上挑出；后两点可连写，如图2-106所示。

图2-106　氵

2. 右偏旁

（1）刂：先写短竖，行至末端可向右上出锋，启带竖钩，也可回锋收笔后，再在右侧写竖钩，如图2-107所示。

图2-107　刂

（2）阝：先写横撇，再写弯钩，然后在横撇头部起笔写悬针竖，如图2-108所示。

图2-108　阝

3. 字头

（1）人：先向左下写撇画，再从靠近撇画顶端处起笔写捺画，捺画末端可出锋启带下笔，如图2-109所示。

图2-109　人

（2）冖：先写点画，再在右侧写横钩，在折角处略微顿笔再向左下出钩，如图2-110所示。

图2-110　冖

4. 字底

（1）灬：先写首点，再写较小的中间两点，然后写较大的末点，后三点可连写为横钩；四点互相呼应，整体左低右高，如图2-111所示。

图2-111　灬

四点底

（2）心：先写首点，再写卧钩，然后在卧钩上方连写次点和末点，如图2-112所示。

图2-112　心

5. 字框

（1）勹：先写撇画，再从撇画中间偏上处起笔写横折钩，如图2-113所示。

图2-113　勹

（2）口：先写左竖，再写横折钩，与竖画不相接，折角处圆润流畅，然后在下方写横画，如图 2-114 所示。

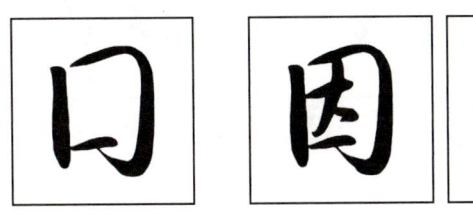

图 2-114 口

（三）结构类型

1. 独体字

书写独体字时，要注意保持笔画间距均匀、整体重心稳定，同时要把握好笔画之间的呼应、承接关系，如图 2-115 所示。

图 2-115 独体字

2. 左右结构

书写左右结构的字时，要注意把握好左右两部分的比例关系，同时保证两部分之间的呼应连带，如图 2-116 所示。

图 2-116 左右结构

左右结构

3. 左中右结构

书写左中右结构的字时，要注意把握好各个部分的大小和位置，做到疏密有致，使整体和谐统一，如图 2-117 所示。

图 2-117　左中右结构

4. 上下结构

书写上下结构的字时，应注意使上下两部分宽窄得宜、所占比例合理；两个部分有正有斜，但整体重心要平稳，如图 2-118 所示。

图 2-118　上下结构

5. 上中下结构

书写上中下结构的字时，要注意把握好各个部分之间的比例关系，适当压缩各个部分之间的距离，避免字形过于狭长；同时要根据字势的需要调整好上中下三部分的重心，如图 2-119 所示。

图 2-119　上中下结构

6. 半包围结构

书写半包围结构的字时，要注意把握好包围部分和被包围部分的位置关系，要做到伸缩自如，避让有序，如图 2-120 所示。

图 2-120　半包围结构

7. 全包围结构

书写全包围结构的字时，包围部分要圆润宽阔，被包围部分要大小适宜，略微靠左，如图 2-121 所示。

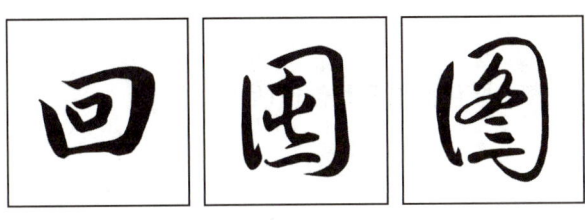

图 2-121　全包围结构

8. 繁杂结构

书写繁杂结构的字时，要注意各个部分之间的穿插避让，保证整体和谐有序，如图 2-122 所示。

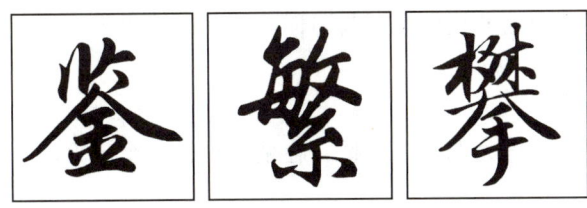

图 2-122　繁杂结构

9. 品字结构

书写品字结构的字时，要让每个部分的大小和形态都不太一样，以使整体自然灵动，如图 2-123 所示。

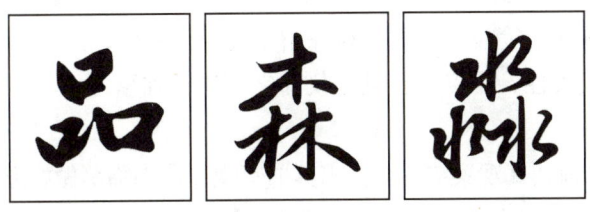

图 2-123　品字结构

> **趁热打铁**
>
> 请同学们临摹几遍本节中的示例笔画、部首和汉字。

第三节 毛笔书写实训

毛笔书写实训的内容主要包括临摹和创作两个部分。

一、临摹

（一）临摹的概念

临摹是"临"与"摹"的合称。"临"是指将字帖放在一旁，然后仿照字帖上的字进行书写练习；"摹"是指将透明的薄纸覆盖在字帖上，再按底样描写下来。

临摹是学习书法的必经过程，学习者可以通过临摹经典作品学习其运笔技法、表现手法和章法布局等，从而培养良好的书写习惯，提升书法水平。

（二）临摹的过程

临摹的过程主要可以分为选帖、读帖、临帖或摹帖三个步骤。

1. 选帖

在开始临摹之前，要先解决选帖的问题，选帖时可以参考以下三点。

（1）初学者可以选择由原迹原拓的选字拼成的集字本进行临摹，这类字帖的单字仍旧保持着原来的风貌，只是失去了整体的章法；不过，对初学者来说，章法问题相对次要，按照笔画和部首的顺序临摹更有助于打好基础。

（2）应选择经得起历史考验的、高水平的名家作品进行临摹，这类作品不但保持着较为准确的字形结构和运笔技法，而且还保留了完整的章法。

（3）应选择有代表性、难度适宜且心仪的字帖进行临摹。

2. 读帖

读帖是指在临摹前认真观察字帖，找出其书写规律，为临摹做好准备的步骤。读帖能够锻炼学习者观察、分析和比较的能力，只有使字帖入于眼、记于心，方能出于手、显于纸。

读帖时应注意以下三个方面。

（1）观察运笔。读帖时，对每一个字的笔画都要仔细观察，比如：笔画是如何起笔、行笔和收笔的；笔画之间如何互相呼应；相同的笔画是如何变化的；等等。

（2）研究结构。研究字的结构时，要探究它的特征，比如：为何字的结构有的茂密，有的舒朗；笔画之间的搭配产生了怎样的效果；各个部分之间的主次关系又是如何处理的；等等。

（3）分析章法。分析章法时要注意字与字、行与行之间的呼应关系，以及作品整体的气势、所表现的神韵等。

3. 临帖或摹帖

临帖与摹帖是两种不同的练习方法，其作用和效果也有差异。临帖主要帮助学习者掌握字帖的整体特点，如气势、神韵、意境等；而摹帖主要帮助学习者掌握字帖的局部特点，如笔画、部首、结构等。相较而言，临帖的难度要比摹帖高。在学习书法时，往往要先摹帖，后临帖，以达到循序渐进的效果。

王羲之的"五遍临帖法"

临帖又可分为对临、背临与意临三种。对临是指直接对照字帖书写；背临是指将字帖收起，仅凭记忆默写；意临是指根据自己对字帖的理解来书写，在继承的基础上发挥一定的创造性，使他人书迹为自己所用。

> **趁热打铁**
>
> 请同学们选择一幅名家作品进行临摹。

二、创作

学会创作书法作品是学习书法必不可少的环节。通过创作，学习者可以从整体的角度了解作品的构成要素、表现形式和章法布局等，深入掌握所学的书写技巧，从而做到融会贯通、学有所用。

（一）书法作品的组成部分

一幅完整的书法作品一般包括正文、落款和印章三个部分，如图 2-124 所示。正文是作品的主体部分，其内容和形式要与作品的整体风格和创作缘由相吻合。落款是正文的交代性文字，可以包含正文内容出处、作者名号、创作缘由、创作时间、创作地点等信息，其长短应根据作品的布局而定。印章是作品章法的重要组成部分，与落款紧密相连，既可标记作品的结尾，也可填补作品的空隙，起到衬托点缀的作用。

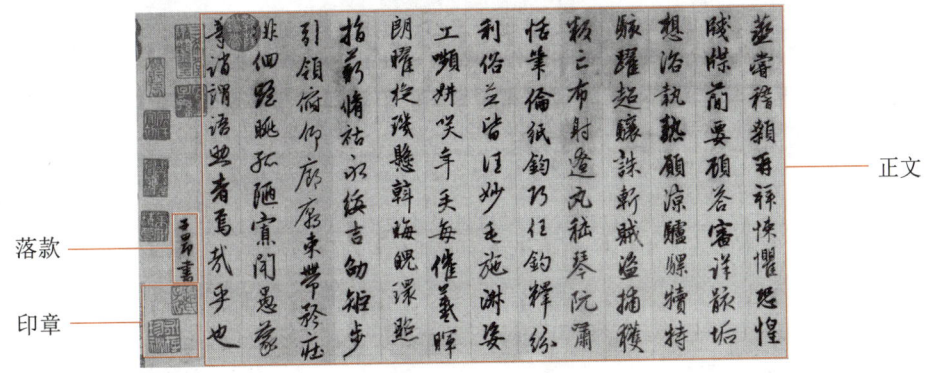

图 2-124 《行书千字文》局部（赵孟頫）

（二）书法作品的常用幅式

书法作品的常用幅式主要有横披、中堂、斗方和扇面等。

1. 横披

横披是一种比较常见的书法作品幅式，一般尺寸较大，长度适中，气势磅礴，多悬挂于建筑物外部或厅室之内；内容可多可少，多的话可以竖写多行，如图 2-125 所示，少的话可以横写一列，如图 2-126 所示。

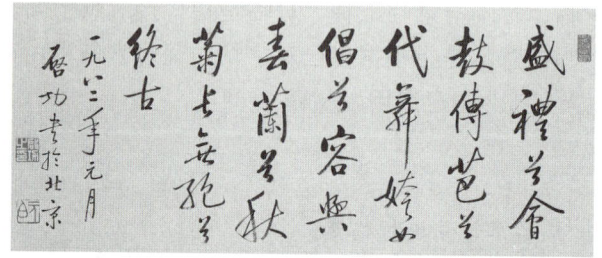

图 2-125　《九歌·礼魂》（启功）

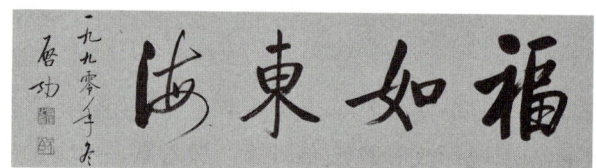

图 2-126　《福如东海》（启功）

2. 中堂

中堂因常被挂于厅堂正中间而得名，一般尺寸较大，气势宏伟，其长度大约为其高度的二分之一，内容多为短文或诗句，如图 2-127 所示。

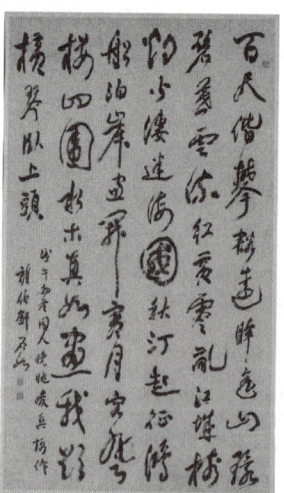

图 2-127　《行草诗》（邓石如）

3. 斗方

斗方是一种特殊的书法作品幅式,呈正方形。在安排斗方的布局时要注意使作品四周的留白相当,以保证整体的和谐美观,如图2-128所示。

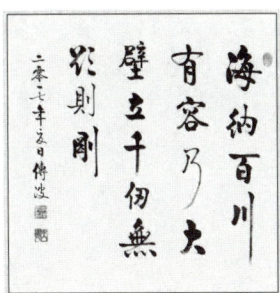

图 2-128 斗方(李传波)

4. 扇面

扇面可以分为折扇和团扇两种,其中折扇上宽下窄,呈辐射状,如图2-129所示;团扇多为圆形、椭圆形或近似圆形的形状,内部的文字可以按照团扇的形状排列,如图2-130所示,也可以在圆中取方,按照方形排列,如图2-131所示。

扇面书法创作的章法技巧

图 2-129 折扇(唐寅)

图 2-130 团扇(王仁堪)　　图 2-131 团扇(赵之谦)

趁热打铁

请同学们试着创作一幅毛笔书法作品。

第三章

钢笔书写技能与训练

章节导读

本章一共包括三个小节，分别是钢笔书写的基础知识、钢笔书写方法和钢笔书写实训。本章首先系统介绍了钢笔书写的工具、姿势、执笔方法和运笔技法等基础知识，为学习者打下坚实的理论基础；然后详细讲解钢笔楷书和钢笔行书的书写方法，帮助学习者全面掌握钢笔书写的要领；最后聚焦于钢笔书写的实际应用，通过实践训练引导学习者将所学知识运用起来，进一步提升钢笔书写水平。

学习目标

知识目标

- 了解钢笔书写的工具和姿势。
- 了解钢笔书写的执笔方法和运笔技法。

技能目标

- 掌握钢笔楷书和钢笔行书的书写方法。
- 掌握钢笔书法的临摹方法。
- 能够进行钢笔书法创作。

素养目标

- 增强书写规范汉字的意识。
- 培养耐心、专注力以及持之以恒的精神。

思维导图

```
钢笔书写技能与训练 ── 钢笔书写的基础知识 ── 书写工具
                                      书写姿势
                                      执笔方法
                                      运笔技法
                   钢笔书写方法 ── 钢笔楷书的书写方法
                                 钢笔行书的书写方法
                   钢笔书写实训 ── 临摹
                                 创作
```

第一节 钢笔书写的基础知识

一、书写工具

钢笔书写的工具主要包括钢笔、墨水和纸。

（一）钢笔

钢笔是钢笔书写的重要工具，属于硬笔的一种，因为书写便捷而成为日常生活中广泛使用的书写工具。

1. 钢笔的分类

根据笔尖材质的不同，钢笔可以分为以下三种。

（1）金笔：笔尖由金、银和电解铜等材料按照一定配比制作而成；这种笔具有较好的弹性和较强的耐腐蚀性，书写手感好，但因其价格昂贵，且笔尖较软，不易掌握，所以不适合初学者使用，如图3-1所示。

（2）铱金笔：笔尖由不锈钢制成，顶端焊有耐磨耐用的铱粒；这种笔的弹性和耐腐蚀性仅次于金笔，且书写流畅，物美价廉，适合初学者使用，如图3-2所示。

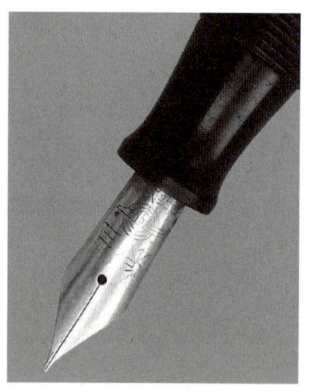

图3-1 金笔

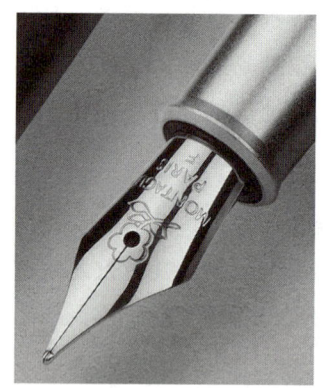

图3-2 铱金笔

（3）普通钢笔：笔尖由不锈钢制成，但顶端没有铱粒，所以耐磨性较差，使用寿命相对较短。

根据笔尖形状的不同，钢笔可以分为以下两种。

（1）直尖型钢笔：笔尖竖直、扁平，可以写出平稳、流畅的线条，适用于日常书写，如图3-3所示。

（2）弯尖型钢笔：又称"书法笔"或"美工笔"，笔尖略微弯曲，可以写出韵味十足的线条，适用于艺术签名、书法创作和绘画，如图 3-4 所示。

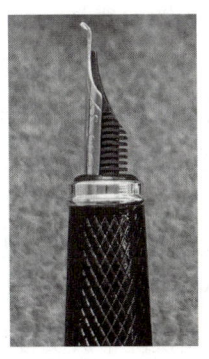

图 3-3　直尖型钢笔　　　　　　　　　图 3-4　弯尖型钢笔

根据笔尖裸露程度的不同，钢笔可以分为以下三种。

（1）明尖型钢笔：笔尖几乎全部暴露在外，弹性较好，可以写出变化丰富的线条，如图 3-5 所示。

（2）半明尖型钢笔：有大约一半笔尖暴露在外，弹性适中，适用于多种书写场景，如图 3-6 所示。

（3）暗尖型钢笔：笔尖几乎全部被尖套所包裹，只有一小部分暴露在外，书写流畅，易于控制，适合初学者使用，如图 3-7 所示。

图 3-5　明尖型钢笔　　　　图 3-6　半明尖型钢笔　　　　图 3-7　暗尖型钢笔

2. 钢笔的挑选

挑选钢笔时，应主要注意以下两个方面。

第一，要仔细观察。要先看两片笔尖是否对称且大小一致，笔尖不齐会导致笔尖两侧触纸力度不均匀，造成刮纸现象；再看笔尖夹缝的大小是否合适，若笔尖夹缝过大，则可能导致出墨过多，造成洇墨现象，若笔尖夹缝过小，则可能导致出墨不畅，造成书写困难。

第二，要上手试用。可以用钢笔蘸取少量墨水，在纸上试写，检查手感是否舒适，出墨是否流畅，书写是否顺滑。

3. 钢笔的使用和保养

正确使用和保养钢笔可以有效延长其使用寿命，具体应注意以下四个方面。

（1）不要在金属等硬质材料或表面粗糙的物体上使用钢笔，以免损坏笔尖。

（2）书写时，可以在纸下垫一些稿纸，以增强弹性，减少摩擦。

（3）要用笔尖的正面书写，不可以用侧面或反面，否则既会导致刮纸，又容易损坏笔尖。

（4）要把握好书写的力度，如果力度过大，会导致笔尖变形，从而影响书写效果。

使用完钢笔后，要及时盖紧笔帽，以免笔尖受损或墨水凝固，影响下次书写。钢笔若长期不用，应清洗晾干后妥善收好，以便下次使用。

知识链接 中国古代硬笔

作为书写工具，硬笔的存在和使用是中国古代硬笔书法发展的前提。根据史料记载和考古发现，中国古代的硬笔种类多达十几种，下面简单介绍其中三种。

中国古代硬笔书法

（1）苇管笔：由芦苇管削制而成；20世纪初，相关学者在新疆吐鲁番唐代遗址中发现了几支单尖苇管笔，这些笔的笔尖已被折断，如图3-8所示。

（2）木笔：由木质材料削制而成，用于蘸墨写字；1913年，相关学者在新疆麻扎塔格戍堡址中发现了几支红柳木笔，这些笔是用红柳木磨制而成的，笔尖发秃，上面还带有墨痕，如图3-9所示。

（3）竹管笔：由竹管削制而成；1972年，相关学者在甘肃武威张义堡西夏遗址中发现了几支双瓣合尖竹管笔，这些笔笔舌正中开缝，与如今的钢笔有异曲同工之妙，如图3-10所示。

 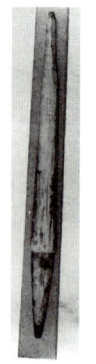 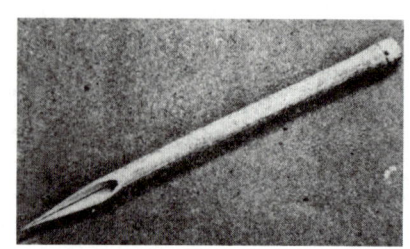

图3-8 单尖苇管笔　　图3-9 红柳木笔　　图3-10 双瓣合尖竹管笔

可以看出，这些笔的笔舌形制和制作原理与现代钢笔已经十分接近，它们充分体现了中国古代人民的智慧和创造力，也在几千年的应用实践中丰富了源远流长的中国古代硬笔书法文化。

（二）墨水

钢笔墨水的常用颜色有黑、蓝、红三种，其中黑、蓝两色沉稳庄重，应用更为广泛。黑色墨水以碳素墨水为最佳，其浓度较高，富有光泽，写出的字线条清晰，厚实稳重，如图3-11所示。

图3-11 碳素墨水

需要注意的是，书写时应选择同一品牌、同一颜色的墨水，不能混用，否则容易产生沉淀而影响书写。若想更换另一种墨水，应先将钢笔的笔尖、墨囊洗净晾干，再吸入新的墨水。

使用完墨水之后，要及时盖紧墨水瓶的瓶盖，以防尘、防洒、防挥发。

课堂互动

钢笔墨水和毛笔墨汁有何不同？

（三）纸

用于钢笔书写的纸种类繁多，不同的纸给人的书写感受不同，最终呈现的书写效果也不同。较好的纸应具备质地细密、光洁度好、白净平整等特点。纸若太薄、质地松软，则书写时容易被划破；纸若太厚、太光滑，则书写时笔尖容易打滑，不利于表现笔锋。钢笔书写一般选用书写纸、复印纸、胶版纸和新闻纸等。

此外，对于初学者来说，选择带有格子的纸练习更能达到事半功倍的效果。米字格和田字格就像拐杖，能够帮助初学者更快地掌握汉字结构。因此，初学者应该从米字格或田字格开始，然后慢慢过渡到空白格、横线格和竖线格，再到最后能在白纸上完成一幅书法作品。

> **知识链接** 胶版纸
>
> 胶版纸，又称"道林纸"，是一种较为高档的印刷纸，主要供胶印机或其他印刷机印刷比较高级的彩色印刷品使用，具有吸墨均匀、光洁平滑、纹理细密等特点。

二、书写姿势

钢笔书写常用的姿势为坐姿，如图 3-12 所示。这种书写姿势与毛笔书写中的坐姿相似，都要讲究头正、身直、臂开、足安，此处不再赘述。

图 3-12 坐姿

三、执笔方法

三指执笔法是钢笔书写最常用的执笔方法，即主要依靠大拇指按、食指压、中指顶来使钢笔灵活运转的执笔方法，如图 3-13 所示。

图 3-13 三指执笔法

执笔的要点

执笔时需要注意以下三点。

（1）在高度方面，执笔不能过高，也不能过低；执笔过高会导致运笔困难，使写出来的字漂浮不定、软弱无力；执笔过低则会导致笔尖活动范围小，运笔不灵活。

（2）在角度方面，书写时应使笔杆与纸面成大约45°夹角，不能过于垂直；不过握笔的角度并非固定不变，而是应该随着字体的大小、运笔的需求做适当调整。

（3）在力度方面，执笔不应过紧或过松；执笔过紧，会使书写不能自如；执笔过松，会导致手指无法用力，从而影响书写效果。

课堂互动

钢笔的执笔方法和毛笔有何异同？

四、运笔技法

和毛笔书写相比，钢笔书写速度较快，笔画变化和起伏的幅度较小，因此运笔技法也相对简单，主要包括提笔与按笔、转笔与折笔。

因为钢笔没有像毛笔一样柔软且极具弹性的笔尖，所以钢笔书写中的提笔与按笔、转笔与折笔主要靠调整行笔的力度和速度来实现。一般来说，提笔、转笔要求行笔较轻、较快；按笔、折笔要求行笔较重、较慢。

知识链接 敦煌遗书

敦煌遗书是指1900年在敦煌莫高窟藏经洞出土的古写本和印本，被誉为中国近代学术史上的四大发现之一。学者们在敦煌遗书中发现了大量硬笔写本，这些硬笔写本大多为纸本，也有少量绢本；所用文字除了汉字，还包括梵文等古民族文字；所用字体包含楷书、行书和草书等；内容涉及文学、历史和医学等。

敦煌硬笔写本是中国古代硬笔书法的珍贵遗存，它证明了中国古代硬笔书法的存在与流行，填补了中国硬笔书法史的大段空白；同时还揭示了中国书法是由硬笔书法和毛笔书法两大体系构成的事实，推翻了以往用毛笔书法概括中国书法的旧论，使我们对中国数千年以来的书法发展史有了新的理解。

第二节 钢笔书写方法

一、钢笔楷书的书写方法

（一）常用笔画

1. 点画

（1）左点：由右上轻起笔，随后向左下由轻到重行笔，行至末端顿笔即收，如图 3-14 所示。

左点

图 3-14　左点

（2）右点：由左上轻起笔，随后向右下由轻到重行笔，行至末端顿笔即收，如图 3-15 所示。

图 3-15　右点

2. 横画

（1）长横：起笔较轻，随后略向右上由轻到重行笔，行至末端向右下顿笔即收，如图 3-16 所示。

图 3-16　长横

（2）短横：起笔较轻，随后略向右上由轻到重行笔，最后顿笔即收；笔画长度约为长横的一半，整体呈现左低右高、左细右粗的形态，如图3-17所示。

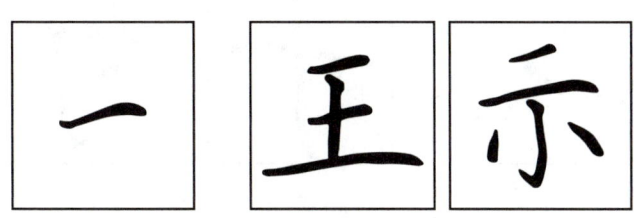

图3-17　短横

3. 竖画

（1）垂露竖：起笔向右下稍顿，随后竖直向下行笔，最后顿笔回锋收笔，如图3-18所示。

图3-18　垂露竖

（2）悬针竖：起笔向右下稍顿，随后竖直向下行笔，行至末端提笔出锋，如图3-19所示。

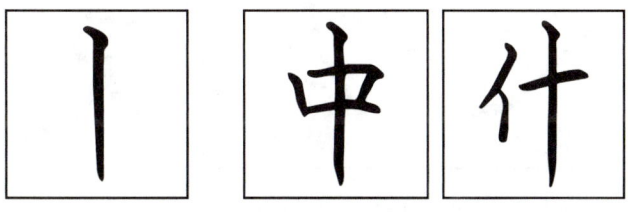

图3-19　悬针竖

4. 撇画

（1）长撇：起笔稍重，随后向左下呈弧形行笔，最后收笔出锋，如图3-20所示。

图3-20　长撇

（2）短撇：由左上向右下起笔，稍顿后向左下迅速撇出，如图 3-21 所示。

图 3-21　短撇

（3）竖撇：起笔略重，随后向下由重到轻行笔，行至中段迅速向左下撇出，收笔出锋，如图 3-22 所示。

图 3-22　竖撇

5．捺画

（1）斜捺：轻起笔，随后向右下行笔，行至捺脚处稍顿，最后水平向右出锋，如图 3-23 所示。

图 3-23　斜捺

（2）平捺：轻起笔，先向右横行，再略向右下行笔，行至捺脚处稍顿后水平向右出锋，如图 3-24 所示。

图 3-24　平捺

6. 提画

提画的写法是由左上向右下起笔,稍顿后提笔向右上挑出,如图 3-25 所示。

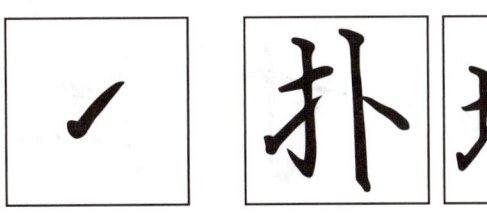

图 3-25 提画

7. 派生笔画

钢笔楷书中常用的派生笔画主要有横钩、横折、横撇、竖钩、竖折、竖弯钩、弯钩、斜钩和卧钩等。

(1) 横钩:先略向右上行笔写横画,行至末端向右下稍顿,再向左下迅速出钩,如图 3-26 所示。

图 3-26 横钩

(2) 横折:起笔先写横画,行至折角处稍顿,然后略向左下写竖画,如图 3-27 所示。

图 3-27 横折

(3) 横撇:先略向右上行笔写横画,行至折角处稍顿后向左下撇出,如图 3-28 所示。

图 3-28 横撇

（4）竖钩：起笔先写竖画，行至末端稍顿蓄势，然后提笔向左上出钩，如图3-29所示。

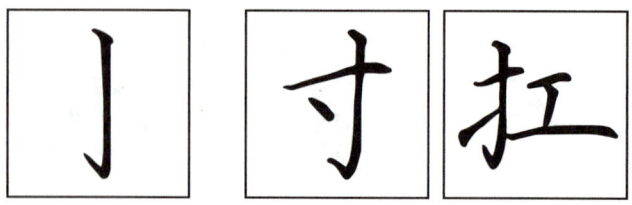

图 3-29　竖钩

（5）竖折：起笔先写竖画，行至折角处稍顿，然后向右行笔写横画，最后顿笔回锋收笔，如图3-30所示。

图 3-30　竖折

（6）竖弯钩：起笔先写竖画，然后圆转向右横行，行至末端稍顿后向上出钩，如图3-31所示。

图 3-31　竖弯钩

（7）弯钩：由左上轻起笔，随后向下呈弧形行笔，行至末端稍顿，然后向左上出钩，如图3-32所示。

图 3-32　弯钩

（8）斜钩：起笔较重，随后向右下呈弧形行笔，行至末端稍顿后向上出钩，如图 3-33 所示。

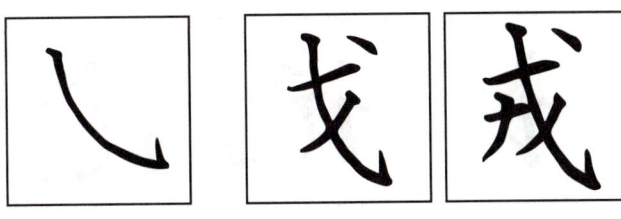

图 3-33　斜钩

（9）卧钩：轻起笔，先向右下呈弧形行笔，再圆转向右行笔，行至末端稍顿后向左上出钩，如图 3-34 所示。

图 3-34　卧钩

（二）常见部首

1. 左偏旁

（1）亻：先写撇画，再从撇画中间偏下处起笔，由轻到重写竖画，如图 3-35 所示。

图 3-35　亻

（2）扌：先略向右上行笔写横画，再在稍高处起笔写竖钩，竖画直而挺，钩画短小有力，最后写提画，如图 3-36 所示。

图 3-36　扌

（3）讠：先写右点，再在点画下方写横折提，要注意横画向右上倾斜；横折提的两处折角应对准点画，最后的提画要呼应字的右部，如图3-37所示。

图3-37　讠

（4）忄：先由上至下行笔写首点，再在稍远处写次点，然后写垂露竖，挺拔有力，且与次点相接，如图3-38所示。

图3-38　忄

2. 右偏旁

（1）刂：先写短竖，再在短竖右上方起笔写竖钩，笔直修长，如图3-39所示。

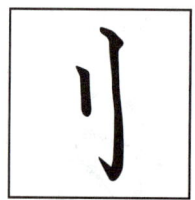

图3-39　刂

（2）阝：先写横撇弯钩，再从短横头部起笔写悬针竖；横撇紧凑，弯钩突出，整体形态较长，如图3-40所示。

图3-40　阝

（3）戈：先斜向右上写短横，再在稍高处起笔写斜钩，然后在斜钩右侧起笔写短撇，最后写点画，如图 3-41 所示。

图 3-41　戈

（4）攵：先写上撇，再略向右上写短横，然后在短横下方起笔写下撇，最后从上撇下方起笔写捺画，如图 3-42 所示。

图 3-42　攵

3. 字头

（1）人：先写撇画，再从靠近撇画顶端处起笔写斜捺，整体形态舒展，如图 3-43 所示。

图 3-43　人

（2）冖：先写点画，后写横钩，折角处先顿笔再出钩；整体左低右高，较为宽扁，如图 3-44 所示。

图 3-44　冖

(3) 廿：先写横画，后写两竖，右竖常写作短撇；两竖左低右高，左短右长，呈上开下合之势，且间距不宜过大，如图3-45所示。

图3-45　廿

(4) ⺮：先写短撇，再在短撇中部起笔写短横，然后在撇画和横画相交处下方起笔写点画；左右两部分的写法基本相同，但左低右高，左小右大，如图3-46所示。

图3-46　⺮

4. 字底

(1) 灬：由一个左点和三个右点组成，四点上端尖锐，下端圆润，整体呈向下发散状，如图3-47所示。

图3-47　灬

(2) 心：先写首点，后写卧钩，卧钩起笔处几乎与首点平齐；次点居中，末点位置偏上，呈卧倒状，如图3-48所示。

图3-48　心

（3）皿：先写短竖，再写横折，然后在短竖与横折组成的框内写两个短竖，最后在下方写长横封口，修长有力，如图3-49所示。

图3-49 皿

（4）贝：先写短竖，再写横折，然后在短竖与横折组成的框内起笔写撇画和点画，如图3-50所示。

图3-50 贝

5. 字框

（1）勹：先写短撇，再从短撇中间偏下处起笔写横折钩，竖钩稍向内收，如图3-51所示。

图3-51 勹

（2）门：先写点画，再在左下方写垂露竖，然后在点画右侧起笔写横折钩，折角方正，竖钩直挺，如图3-52所示。

图3-52 门

(3)匚：先写横画，再在下方写竖折，折角较方，下横长于上横，如图 3-53 所示。

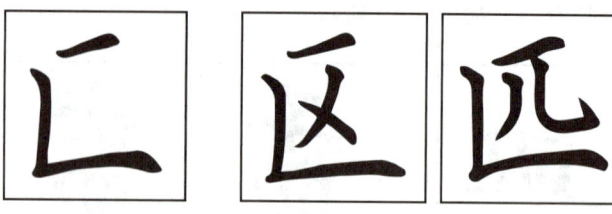

图 3-53　匚

(4)囗：先写左竖，再写横折钩，然后在下方写横画；要注意左竖短，右竖长，如图 3-54 所示。

图 3-54　囗

（三）结构类型

1. 独体字

书写独体字时，要把握好每一个笔画的大小、长短和位置，以保证整体结构中正稳定，如图 3-55 所示。

图 3-55　独体字

2. 左右结构

书写左右结构的字时，应使左右两部分互相穿插避让，确保整体松紧有度，和谐大方，如图 3-56 所示。

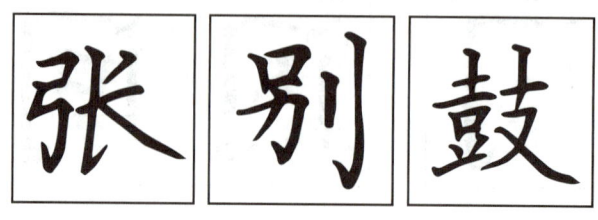

图 3-56　左右结构

3. 左中右结构

书写左中右结构的字时，要注意使各个部分有收有放，分布恰当，如图 3-57 所示。

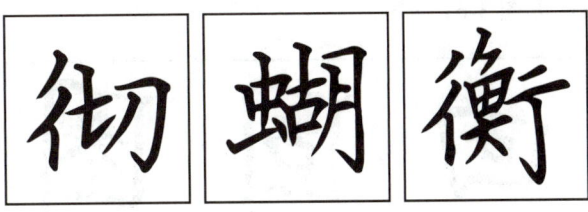

图 3-57　左中右结构

4. 上下结构

书写上下结构的字时，应注意上下两部分笔画的疏密变化，以使整体字形协调美观，如图 3-58 所示。

图 3-58　上下结构

5. 上中下结构

书写上中下结构的字时，要注意使各个部分上下对正，和谐紧凑，如图 3-59 所示。

图 3-59　上中下结构

6. 半包围结构

书写半包围结构的字时，要注意使包围部分与被包围部分有容有让，相互映衬，如图 3-60 所示。

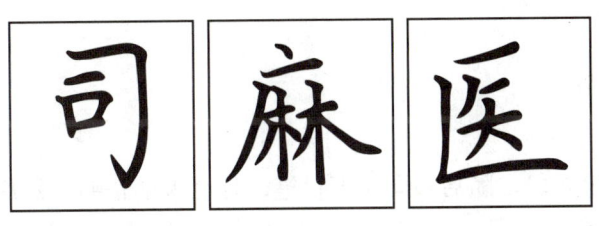

图 3-60　半包围结构

7. 全包围结构

书写全包围结构的字时，要注意把握好包围部分和被包围部分之间的比例关系，以使整体结构清晰自然，如图3-61所示。

图3-61　全包围结构

全包围结构

8. 繁杂结构

书写繁杂结构的字时，要把各个部分处理得当，以使整体结构严谨，和谐自然，如图3-62所示。

图3-62　繁杂结构

9. 品字结构

书写品字结构的字时，要让三个部分大小适宜，位置恰当，以使整体疏密有致，如图3-63所示。

图3-63　品字结构

二、钢笔行书的书写方法

（一）常用笔画

1. 点画

（1）左点：起笔较轻，随后略向左下行笔，行至末端稍顿，然后向右上出锋，以启带下笔，如图3-64所示。

图 3-64　左点

（2）右点：从左上起笔，随后向右下行笔，行至末端稍顿，然后向左下收笔出锋，如图 3-65 所示。

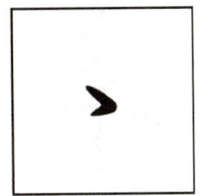   

图 3-65　右点

2. 横画

（1）长横：起笔稍顿，随后略向右上行笔，行至末端顿笔即收，如图 3-66 所示。

 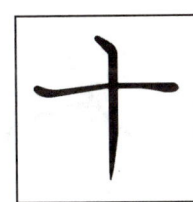 

图 3-66　长横

（2）短横：起笔较轻，随后向右由轻到重行笔，最后稍顿即收，也可出锋启带下笔，如图 3-67 所示。

图 3-67　短横

3. 竖画

（1）垂露竖：起笔向右下稍顿，随后竖直向下行笔，最后顿笔回锋收笔，也可出锋启带下笔，如图 3-68 所示。

 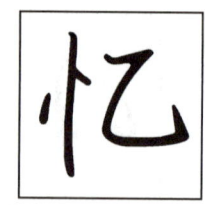 

图 3-68　垂露竖

（2）悬针竖：起笔稍顿后竖直向下行笔，行至末端提笔出锋；笔画末端较细，形如针状，最后的收笔不宜太快，如图 3-69 所示。

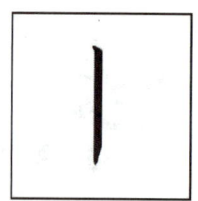  

图 3-69　悬针竖

4．撇画

（1）长撇：起笔稍顿，随后向左下呈弧形行笔，行至末端收笔出锋，如图 3-70 所示。

图 3-70　长撇

（2）短撇：起笔向右下稍顿，随后调转笔锋向左下撇出；行笔要迅速有力，以使笔画短小精悍，如图 3-71 所示。

图 3-71　短撇

5．捺画

（1）斜捺：轻起笔，随后向右下行笔，行至捺脚处稍顿，最后水平向右出锋，如图 3-72 所示。

图 3-72　斜捺

（2）平捺：轻起笔，先略向右上行笔，再略向右下行笔，行至捺脚处稍顿后提笔向右拖出；笔画整体笔势较平，呈一波三折之态，如图 3-73 所示。

图 3-73　平捺

6. 提画

提画的写法是从左上向右下起笔，稍顿后提笔向右上挑出；行笔由重至轻，由慢至快，出锋锐利，果断干脆，如图 3-74 所示。

图 3-74　提画

7. 派生笔画

钢笔行书中常用的派生笔画主要有横钩、横折、竖钩、竖折、弯钩、斜钩和卧钩等。

（1）横钩：先略向右上行笔写横画，行至末端稍顿，然后向左下迅速出钩，如图 3-75 所示。

图 3-75　横钩

（2）横折：起笔先写横画，行至折角处稍顿，然后略向左下写竖画；书写折角处时，需一气呵成，不可间断，如图3-76所示。

图 3-76　横折

（3）竖钩：起笔先写竖画，行至末端稍顿蓄势，然后提笔向左上出钩；竖画应修长有力，钩画应短小轻快，如图3-77所示。

图 3-77　竖钩

（4）竖折：先写竖画，行至折角处稍顿，然后向右行笔写横画，最后顿笔回锋收笔，如图3-78所示。

图 3-78　竖折

（5）弯钩：由左上轻起笔，随后向下由轻到重呈弧形行笔，行至末端稍顿，然后向左上出钩，如图3-79所示。

图 3-79　弯钩

（6）斜钩：起笔较轻，随后向右下由轻到重呈弧形行笔，行至末端稍顿后向上出钩；笔画要尽量向右下舒展，以使整体自然大方，如图3-80所示。

图3-80　斜钩

（7）卧钩：轻起笔，先向右下呈弧形行笔，再圆转向右行笔，行至末端稍顿后向左上出钩，如图3-81所示。

图3-81　卧钩

（二）常见部首

1. 左偏旁

（1）亻：先写撇画，再向右上连写竖画，竖画末端可出锋启带下笔；整体应一气呵成，如图3-82所示。

图3-82　亻

（2）扌：先略向右上行笔写横画，再向左上连写竖钩，然后写提画，如图3-83所示。

图3-83　扌

2. 右偏旁

（1）刂：先写短竖，行至末端向右上出锋，启带竖钩，如图 3-84 所示。

立刀旁

图 3-84　刂

（2）夂：先写上撇，再连写横画，然后从横画靠左端起笔写下撇，最后从上撇末端起笔写捺画，如图 3-85 所示。

图 3-85　夂

3. 字头

（1）艹：先写横画，其长度因字而定，后写两竖，右竖常写作短撇，如图 3-86 所示。

图 3-86　艹

（2）宀：先从左上向右下写首点，再在左下方起笔，略向左下写次点，然后向右上连写横钩，如图 3-87 所示。

图 3-87　宀

4．字底

（1）灬：先在左侧写首点，次点略小，后两点连写；四点互相呼应，整体左低右高，如图3-88所示。

图3-88　灬

（2）水：先写竖钩，再在竖钩左侧写横撇；然后在竖钩右侧起笔，连写撇画和捺画，捺画常写作长点，如图3-89所示。

图3-89　水

5．字框

（1）凵：先写竖折，再在竖折右上方起笔，略向左下写竖画，如图3-90所示。

图3-90　凵

（2）口：先写左竖，再写横折钩，然后在下方写横画，如图3-91所示。

图3-91　口

（三）结构类型

1. 独体字

书写独体字时，要讲究横平竖直，撇捺舒展，做到重心平稳，疏密得当，如图3-92所示。

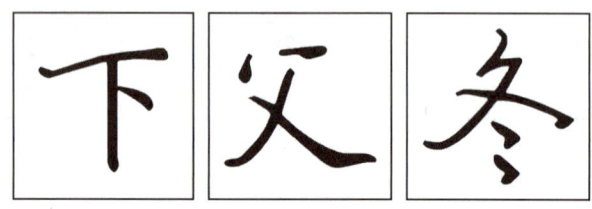

图 3-92　独体字

2. 左右结构

书写左右结构的字时，要使左右两部分的比重恰当，以使整体饱满均衡，如图3-93所示。

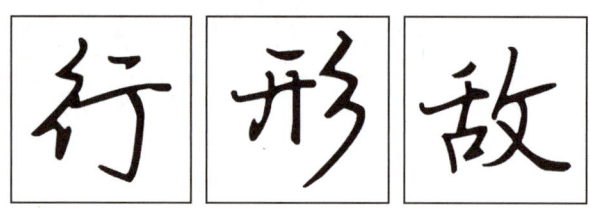

图 3-93　左右结构

3. 左中右结构

书写左中右结构的字时，要注意把每个部分都写得窄一些，力求紧凑，以免整体字形过于宽大；各个部分之间应穿插避让，和谐有序，如图3-94所示。

图 3-94　左中右结构

4. 上下结构

书写上下结构的字时，要使上下两部分分布均匀，中心对正，以保证字体重心平稳，如图3-95所示。

图 3-95　上下结构

5. 上中下结构

书写上中下结构的字时，要注意使各个部分上下对正，有收有放，以使整体协调有致，如图 3-96 所示。

图 3-96　上中下结构

6. 半包围结构

书写半包围结构的字时，要使包围部分和被包围部分协调搭配，以使整体和谐有序，如图 3-97 所示。

图 3-97　半包围结构

7. 全包围结构

书写全包围结构的字时，要注意把握好包围部分和被包围部分的比例，包围部分要宽展有力，被包围部分要充实丰满，均匀分布，如图 3-98 所示。

图 3-98　全包围结构

8. 繁杂结构

书写繁杂结构的字时，可以适当缩小笔画之间的距离，同时保证笔画之间的连贯呼应，如图 3-99 所示。

图 3-99　繁杂结构

繁杂结构

9. 品字结构

书写品字结构的字时，要使三个部分独立而又互相呼应，形态相似而又有所差异，如图 3-100 所示。

图 3-100　品字结构

趁热打铁

请同学们临摹几遍本节中的示例笔画、部首和汉字。

第三节　钢笔书写实训

钢笔书写实训的内容主要包括临摹和创作两个部分。

一、临摹

钢笔书写的临摹过程与毛笔书写相似，也包括选帖、读帖、临帖或摹帖三个步骤。

（1）选帖：初学者可以先从现当代钢笔书法名家的规范字帖入手，在有了一定基础之后，再选择适合钢笔书写的经典毛笔作品作为范本进行临摹。

（2）读帖：应仔细研究所选字帖的笔法、字法、章法和整体风格并熟记于心。

（3）临帖或摹帖：要先摹帖，后临帖；摹帖一般选择规范字帖作为范本，临帖则一般选择名家作品作为范本，循序渐进，才能逐步掌握钢笔书写技能。

趁热打铁

请同学们临摹以下两幅字帖，如图 3-101 和图 3-102 所示。

望	月	怀	远	
	唐·张	九	龄	
海	上	生	明	月	，
天	涯	共	此	时	。
情	人	怨	遥	夜	，
竟	夕	起	相	思	。
灭	烛	怜	光	满	，
披	衣	觉	露	滋	。
不	堪	盈	手	赠	，
还	寝	梦	佳	期	。

图 3-101　钢笔楷书作品

		锦	瑟			
	唐·李	商	隐			
锦	瑟	无	端	五	十	弦	，
一	弦	一	柱	思	华	年	。
庄	生	晓	梦	迷	蝴	蝶	，
望	帝	春	心	托	杜	鹃	。
沧	海	月	明	珠	有	泪	，
蓝	田	日	暖	玉	生	烟	。
此	情	可	待	成	追	忆	，
只	是	当	时	已	惘	然	。

图 3-102　钢笔行书作品

二、创作

在组成部分上,一幅完整的钢笔书法作品也包括正文、落款和印章三个部分。在呈现形式上,钢笔书法作品的常用幅式主要有横披、中堂和扇面等,如图 3-103～图 3-105 所示。

图 3-103　横披（臧磊）

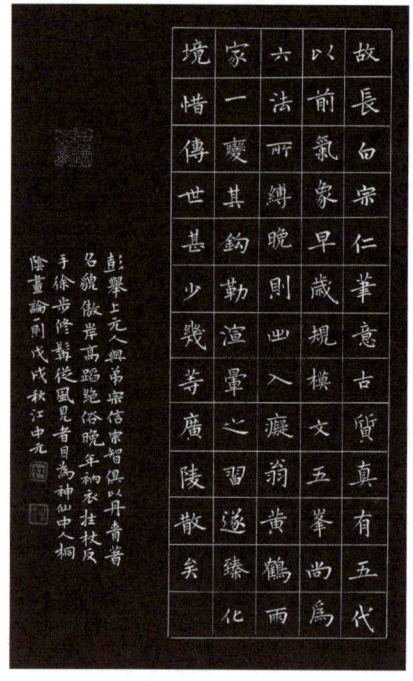

图 3-104　中堂（江中元）

图 3-105　扇面（荆霄鹏）

和毛笔书写不同的是,在创作钢笔书法作品时,既可以仿照传统书写方式竖向书写,也可以遵循现代规范书写方式横向书写。

趁热打铁

请同学们在下面的练习纸中练习钢笔书写技能。

粉笔书写技能与训练

章节导读

本章一共包括三个小节，分别是粉笔书写的基础知识、粉笔书写方法和板书设计。本章首先介绍粉笔书写的基础知识，包括书写工具、书写姿势、执笔方法和运笔技法等，然后详细讲解粉笔楷书和粉笔行书的书写方法，最后着眼于粉笔书写的实际应用，介绍板书设计的原则、布局方式和注意事项，旨在帮助学习者深入掌握粉笔书写技能并学以致用。

学习目标

知识目标

- 了解粉笔书写的工具和姿势。
- 了解粉笔书写的执笔方法和运笔技法。
- 了解板书设计的原则、布局方式和注意事项。

技能目标

- 掌握粉笔楷书和粉笔行书的书写方法。
- 掌握板书设计的方法。

素养目标

- 提升艺术素养和审美能力。
- 增强对教师岗位的热爱。

思维导图

粉笔书写技能与训练
- 粉笔书写的基础知识
  - 书写工具
  - 书写姿势
  - 执笔方法
  - 运笔技法
- 粉笔书写方法
  - 粉笔楷书的书写方法
  - 粉笔行书的书写方法
- 板书设计
  - 板书设计的原则
  - 板书设计的布局方式
  - 板书设计的注意事项

第一节 粉笔书写的基础知识

一、书写工具

粉笔书写的工具主要包括粉笔、黑板和黑板擦。

（一）粉笔

粉笔是粉笔书写的重要工具，是以碳酸钙（石灰石）和硫酸钙（石膏）为主要原料制作而成的硬笔，其形状一般为一端稍细、一端稍粗的实心圆柱体。和其他硬笔相比，粉笔具有无弹性、易磨损、易涂改等特点。

1. 粉笔的分类

根据使用效果的不同，粉笔可以分为普通粉笔、无尘粉笔和水溶性粉笔三种。

（1）普通粉笔：早期常用的一种粉笔，在使用过程中会产生较多飞扬的细小粉尘，不仅会污染环境，还会对书写者和周围的人的身体健康造成一定影响，如今已逐渐被淘汰。

（2）无尘粉笔：在普通粉笔的基础上改良而来的产品，如图 4-1 所示，其中加入了油脂类或聚醇类物质作为黏合剂，还加入了黏土、水泥等密度较大的填料，以使产生的粉尘重量和密度变大，不易飞扬；同时还会加入少量光滑剂和防潮剂，使粉笔不易沾手和变潮。

（3）水溶性粉笔：一种较新的环保型粉笔，如图 4-2 所示，其主要成分为钛白粉和植物油脂，在使用过程中几乎不会产生粉尘；近年来，水溶性粉笔凭借其环保无尘、书写流畅、适应性强和安全无毒等优点备受大家推崇。

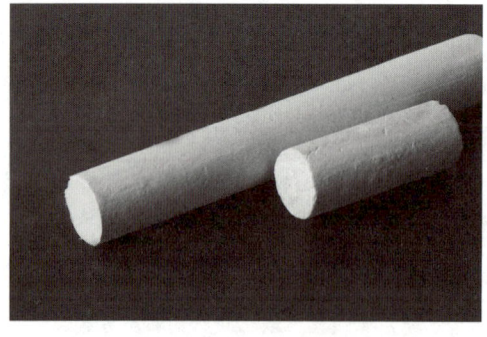

图 4-1　无尘粉笔

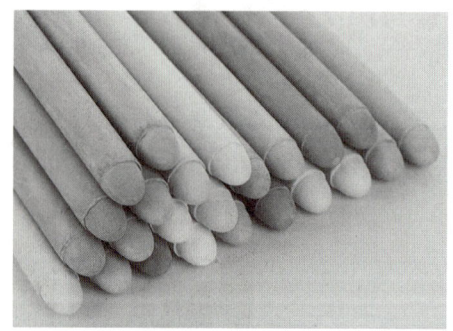

图 4-2　水溶性粉笔

> **小提示**
>
> 需要注意的是,水溶性粉笔不适用于表面粗糙的黑板,且所写字迹需要用湿润的物品擦除。

根据颜色的不同,粉笔可以分为白色粉笔和彩色粉笔两种。白色粉笔的使用范围比较广泛,其特点是所写字迹在黑板上对比度强、比较清晰;彩色粉笔颜色丰富,可以用于点缀或突出重点内容,同时增强板书的表现效果。

2. 粉笔的挑选

好的粉笔应该硬度适中,细腻无沙粒。过硬会导致书写费力,且容易剐蹭黑板;过软则会磨损较快,容易断裂。挑选粉笔时还应考虑所用的黑板和黑板擦的特点,例如,表面光滑的黑板适合用较软的粉笔,表面粗糙的黑板则适合用较硬的粉笔。

3. 粉笔的使用和保存

使用粉笔前,可以先用工具把粉笔稍细的一端磨成圆锥状,以方便书写,如图4-3所示;如果粉笔过硬,可以提前用少量水或湿毛巾对其进行软化处理,如果粉笔过软,可以提前烘干。书写时,用力要适度,要不停转动粉笔以保证接触黑板的粉笔笔头圆润平滑,还可以为粉笔装上粉笔套以避免弄脏手,如图4-4所示。

粉笔的保存主要应注意防潮、防摔和防压三个方面。

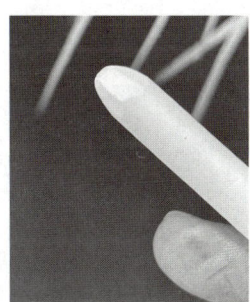

图4-3 磨好的粉笔

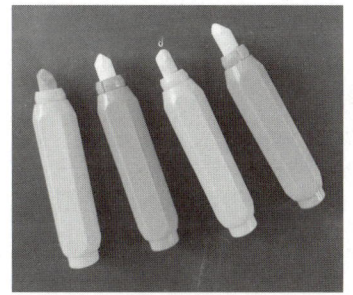

图4-4 粉笔套

(二)黑板

黑板并不单纯指黑色的板,而是一种专用于粉笔书写且可以反复书写的板,常见于教学活动。

1. 黑板的分类

从颜色来看,黑板主要有黑色的、墨绿色的和白色的。早期的黑板确实是黑色的,后来为了减轻学生的视觉疲劳,保护学生的视力,黑板的颜色被改良为墨绿色,如图4-5所示;白色的黑板,也叫"白板",是近年来比较常见的一种黑板,需要用水性笔来书写,如图4-6所示。

 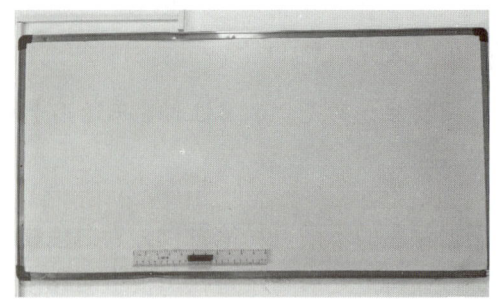

图 4-5　墨绿色的黑板　　　　　　图 4-6　白色的黑板

从材料来看，黑板主要有木质的、水泥的和磨砂玻璃的。木质黑板是最早的黑板形式，其制作简单，使用方便，但容易变形、开裂；水泥黑板是目前使用比较广泛的一种黑板，其材质坚硬，不易损坏，但表面比较粗糙，对粉笔的磨损比较严重；磨砂玻璃黑板材质坚硬，表面光滑，书写效果好。随着技术的发展，合金钢黑板、复合材料黑板等采用新型材料制成的黑板相继出现，为粉笔书写带来了更多可能性。

此外，为了满足教学活动中越来越多样的需求，各种多功能的新型黑板也应运而生。例如，底部带有支架、便于移动的支架活动黑板，如图 4-7 所示；带有滑轨、可以沿特定方向移动的可推拉黑板，如图 4-8 所示；具有磁性、可以吸附部分教具的磁吸黑板，如图 4-9 所示；和现代科技相结合、带有电子显示屏的交互式电子组合黑板，如图 4-10 所示；等等。

图 4-7　支架活动黑板　　　　　　图 4-8　可推拉黑板

图 4-9　磁吸黑板

第四章 粉笔书写技能与训练

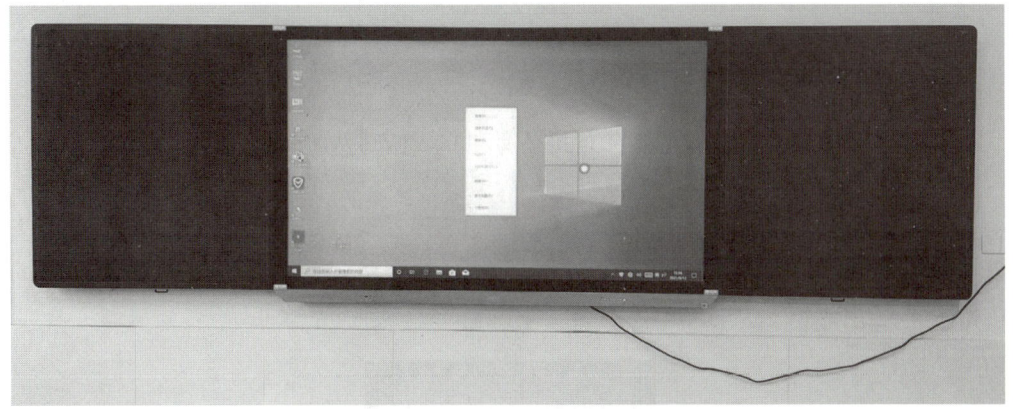

图 4-10　交互式电子组合黑板

2. 黑板的挑选

好的黑板应该有不打滑、不反光、颜色纯粹、易写易擦、经久耐用等特点。除此之外，挑选黑板时还应考虑个人的书写习惯、书写目的以及配套书写工具的特点等。

3. 黑板的使用和维护

放置黑板时，要保证黑板的高度适中，以便于使用；初次使用黑板前，要记得将贴在表面的保护膜撕掉，以免影响书写效果；使用时，不要用过硬、尖锐的物品剐蹭黑板，以免损伤黑板表面；每次使用完都要及时清理，避免粉尘残留。

（三）黑板擦

黑板擦是用来擦除粉笔书写痕迹的工具，一般由以布料、毛毡或海绵等为原料制成的擦体和金属或塑料制成的外壳组成，如图 4-11 所示。

图 4-11　黑板擦

使用黑板擦时应遵循一定的方法：先沿一个方向擦除大部分字迹，再轻敲黑板擦，使上面附着的粉尘脱落，然后沿反方向进行第二次擦除，这样比较容易擦干净黑板上的痕迹。使用完黑板擦之后，要及时清理；此外，还要记得定期清洗黑板擦，以保证其清爽整洁。

二、书写姿势

粉笔书写比较常用的姿势主要有立式平写和立式俯写两种。

（一）立式平写

立式平写是指书写者站立于黑板前进行书写的姿势，也是最常见的粉笔书写的姿势，如图 4-12 所示。

图 4-12　立式平写

立式平写的要领主要包括以下四点。

（1）头平：头部要保持平正，不歪斜，这主要是为了保证视线的平正，使写出的字行列整齐。

（2）身正：身体要保持端正，直而不僵，随书写位置的变化平移；此外，身体和黑板的距离要适中，过近会导致视角受限，使写出的字歪歪扭扭，过远则会导致手够不到黑板。

（3）臂弯：执笔的手的手臂要略微弯曲，弯曲程度随书写位置的变化而变化；手的高度要略高于眼睛，过高或过低都会导致书写吃力。

（4）足稳：两脚要分开站立，以保证身体的平衡稳定；可以适当踮脚或屈膝来适应书写高度的变化。

（二）立式俯写

立式俯写是指把黑板放在桌面上，站立着书写的姿势，如图 4-13 所示。这种书写姿势与毛笔书写中的立式俯写相似，都要讲究头俯、身躬、臂悬、足开，此处不再赘述。

图 4-13　立式俯写

三、执笔方法

粉笔书写常用的执笔方法也是三指执笔法，但与钢笔书写所用的三指执笔法有所不同。粉笔书写所用的三指执笔法是用拇指第一指节的指腹和食指第一指节的指腹捏住粉笔两侧，两指之间保持一定距离，以确保两指都有充足的活动空间；同时使中指第一指节的指腹左侧顶在粉笔下侧，以支撑粉笔；无名指和小拇指自然放松，贴在中指下方，以保证手部的稳定和舒适，如图 4-14 所示。

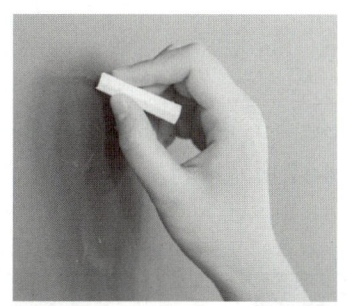

图 4-14　粉笔书写的执笔方法

执笔时需要注意四个方面：①执笔的位置不宜过低或过高，应该距离粉笔笔头约 1 cm；②执笔要用一定的力度，以免写出的线条轻浮无力；③执笔不能过直或过斜，粉笔要与黑板保持约 45°的夹角；④粉笔是靠磨损自身来进行书写的，所以会越写越短，要根据粉笔的长度随时调整执笔位置。

趁热打铁

请同学们找一根粉笔体验一下粉笔书写的执笔方法。

四、运笔技法

粉笔书写的运笔技法与毛笔书写的运笔技法大致相同,也包括中锋与侧锋、藏锋与露锋、提笔与按笔、转笔与折笔。

(一)中锋与侧锋

在粉笔书写中,中锋与侧锋主要和粉笔与行笔方向的角度有关。如果使粉笔的方向与行笔方向保持一致,就能写出平滑、均匀的线条,这就是粉笔书写中的中锋,如图 4-15 所示;如果使粉笔与行笔方向保持较大的角度,就能写出一侧平滑一侧粗糙的线条,这就是粉笔书写中的侧锋,如图 4-16 所示。

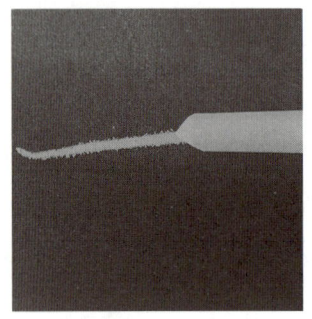
图 4-15 中锋

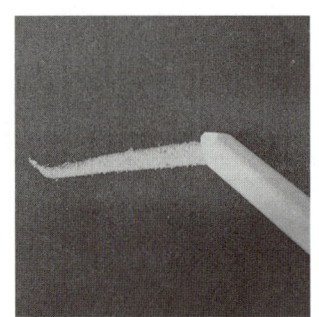
图 4-16 侧锋

(二)藏锋与露锋

粉笔书写中的藏锋的写法是先在笔画末端略微停顿,再稍用力顺时针转动粉笔笔头,随后提笔往回收笔,如图 4-17 所示;粉笔书写中的露锋的写法是在笔画末端顺势提笔出锋,如图 4-18 所示。

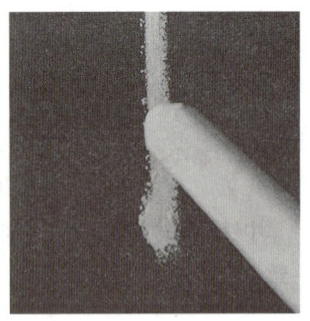
图 4-17 藏锋

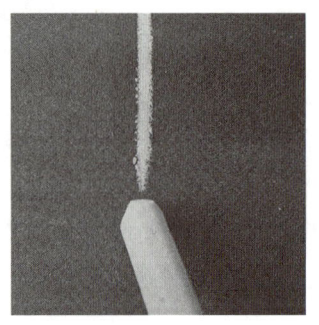
图 4-18 露锋

第四章 粉笔书写技能与训练

（三）提笔与按笔

因为粉笔没有弹性，所以不能仅靠力度的变化来实现提笔与按笔的转变，而应该主要靠调整粉笔与黑板的接触面的大小来实现。当粉笔垂直于黑板时，粉笔与黑板的接触面较小，写出的线条就纤细、轻柔，如图4-19所示；当粉笔与黑板之间有一定角度时，粉笔与黑板的接触面较大，写出的线条就粗壮、有力，如图4-20所示。

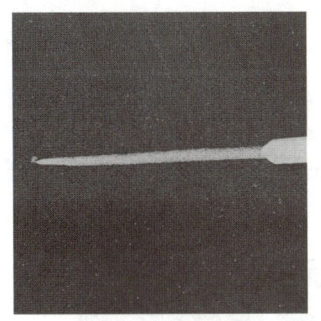
图4-19 提笔

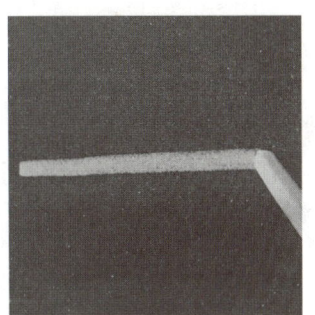
图4-20 按笔

（四）转笔与折笔

粉笔书写中的转笔的写法是在笔画的转弯处，运用手指和手腕的力量自然转动粉笔，以写出圆润流畅的线条，如图4-21所示；粉笔书写中的折笔的写法是先略微顿笔，再改变方向行笔，如图4-22所示。

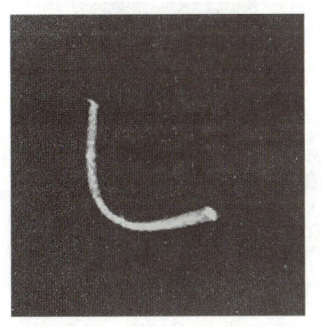
图4-21 转笔

图4-22 折笔

课堂互动

粉笔书写的运笔技法和毛笔书写的运笔技法有何异同？

第二节　粉笔书写方法

一、粉笔楷书的书写方法

（一）常用笔画

1. 点画

（1）左点：自右上向左下起笔，随后向左下由轻到重行笔，行至末端稍顿，最后向右上回锋收笔，如图4-23所示。

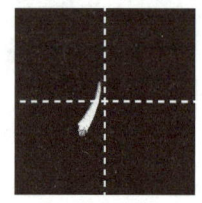 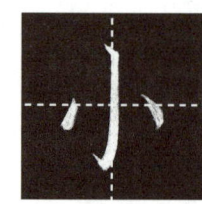 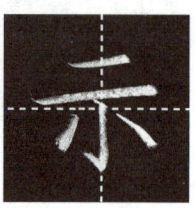

图4-23　左点

（2）右点：自左上向右下起笔，随后向右下由轻到重行笔，行至末端稍顿，最后向左上回锋收笔，如图4-24所示。

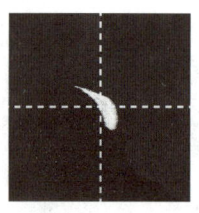 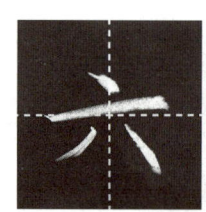 

图4-24　右点

2. 横画

（1）长横：从左上向右下起笔，随后顺势略向右上中锋行笔，行至末端向右下稍顿即收，如图4-25所示。

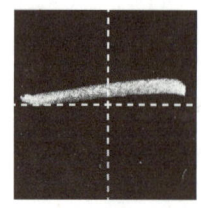 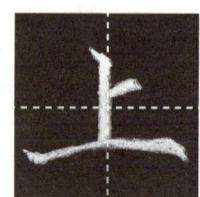 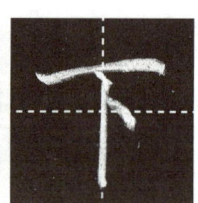

图4-25　长横

（2）短横：从左上向右下露锋起笔，随后略向右上由轻到重行笔，最后向右下稍顿即收，如图 4-26 所示。

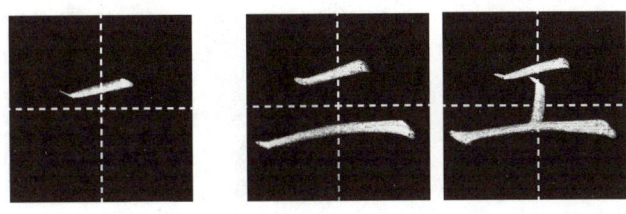

图 4-26　短横

3．竖画

（1）垂露竖：自左上向右下起笔，随后顺势向下中锋行笔，行至末端稍顿，最后向上回锋收笔，如图 4-27 所示。

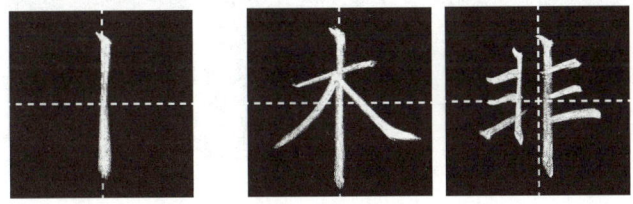

图 4-27　垂露竖

（2）悬针竖：自左上向右下起笔，随后顺势向下行笔，渐行渐提，直至收笔出锋，如图 4-28 所示。

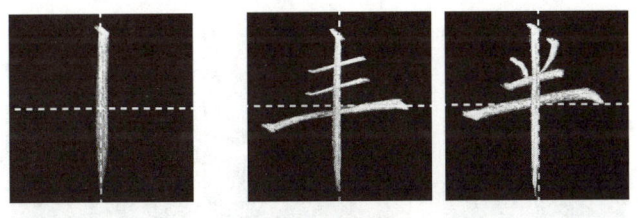

图 4-28　悬针竖

4．撇画

（1）长撇：先向右下起笔，随后向左下呈弧形行笔，渐行渐提，最后收笔出锋，力至笔端，如图 4-29 所示。

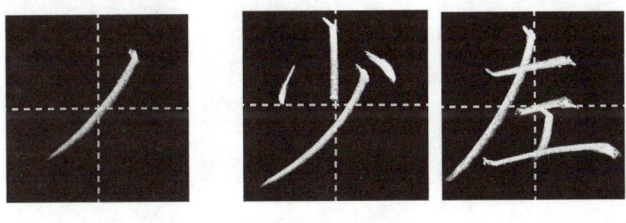

图 4-29　长撇

（2）短撇：写法与长撇类似，但长度较短；形态小巧饱满，倾斜角度因字而定，如图 4-30 所示。

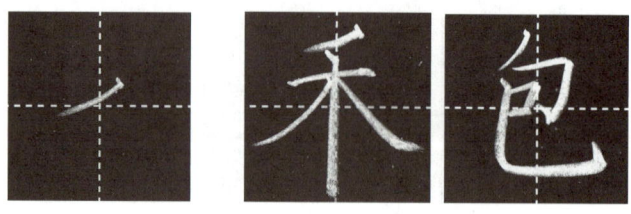

图 4-30　短撇

（3）竖撇：先写竖画，行至中段转笔向左下呈弧形行笔，渐行渐提，直至出锋，如图 4-31 所示。

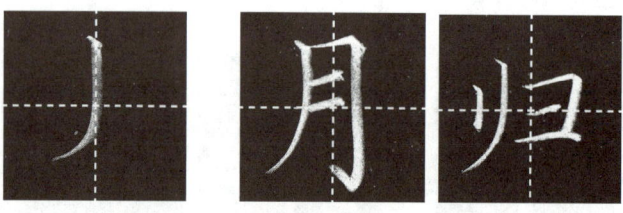

图 4-31　竖撇

5．捺画

（1）斜捺：露锋起笔，先向右稍行，再向右下行笔，渐行渐按，行至末端稍顿，蓄势待发，然后向右平行出锋写出捺脚，如图 4-32 所示。

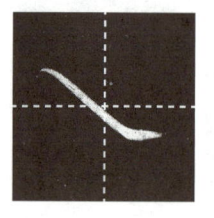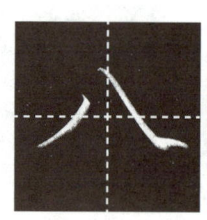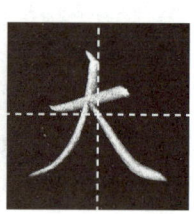

图 4-32　斜捺　　　　　　　　　　　斜捺

（2）平捺：露锋起笔，先向右稍行，再向右下行笔，笔势平缓，行至末端稍顿，然后向右平行出锋，如图 4-33 所示。

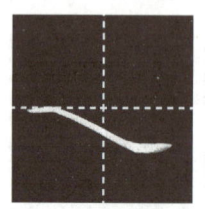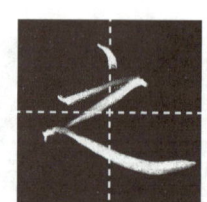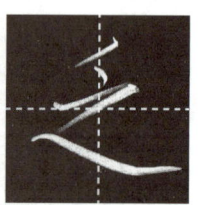

图 4-33　平捺

6. 提画

提画的写法是起笔向右下稍顿，随后向右上轻快挑出，如图 4-34 所示。

 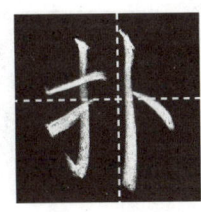 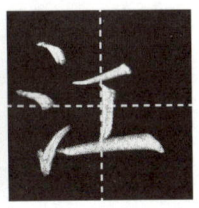

图 4-34　提画

7. 派生笔画

粉笔楷书中常用的派生笔画主要有横钩、横折、竖钩、竖折、弯钩和斜钩等。

（1）横钩：先略向右上写横画，行至末端稍顿，然后折笔向左下出钩，如图 4-35 所示。

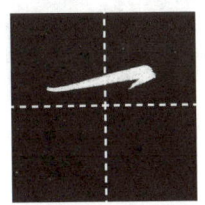 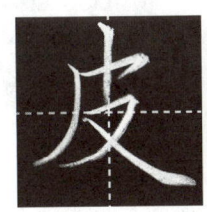 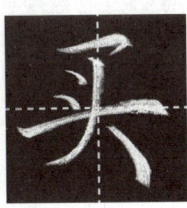

图 4-35　横钩

（2）横折：先略向右上写横画，行至末端略微提笔，向右下轻顿，然后改变方向写竖画；横画和竖画的长度和角度因字而定，如图 4-36 所示。

 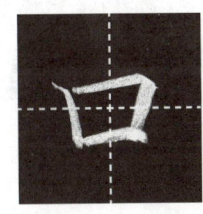 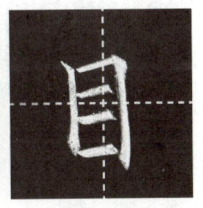

图 4-36　横折

（3）竖钩：先向下写竖画，行至末端稍顿，然后向左上提笔出钩，如图 4-37 所示。

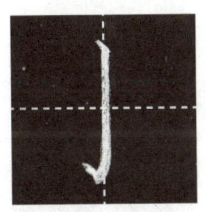 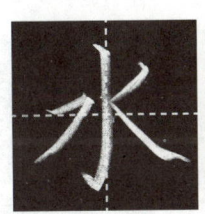 

图 4-37　竖钩

（4）竖折：先向下写竖画，行至末端略微提笔，向左下轻顿，然后调转笔锋向右行笔写横画，如图4-38所示。

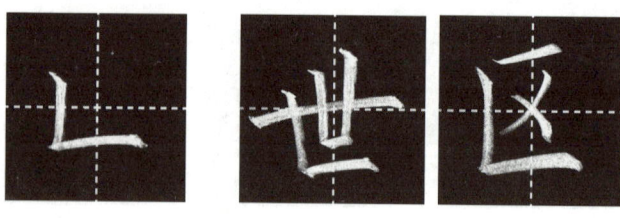

图4-38　竖折

（5）弯钩：起笔较轻，先向下由轻到重呈弧形行笔，行至末端稍顿，然后蓄势向左上出钩，如图4-39所示。

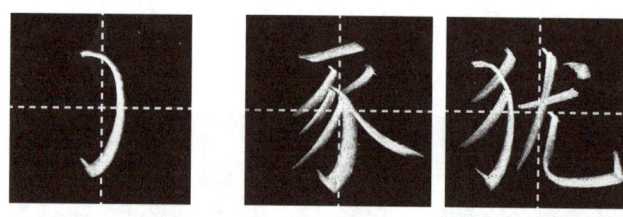

图4-39　弯钩

（6）斜钩：自左上向右下起笔，随后向右下呈弧形行笔，行至末端稍顿，最后向左上出钩，如图4-40所示。

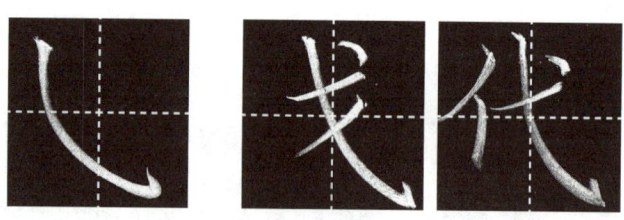

图4-40　斜钩

(二) 常见部首

1. 左偏旁

（1）亻：先写短撇，再从短撇中间偏下处起笔，向下写垂露竖，如图4-41所示。

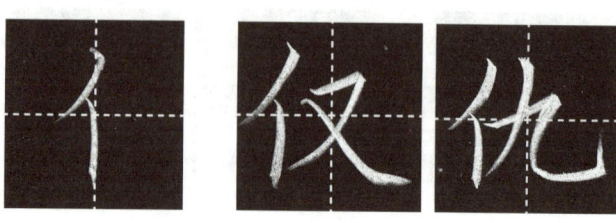

图4-41　亻

（2）氵：先写首点，再在下方偏左处写次点，然后在次点下方起笔写提画，如图 4-42 所示。

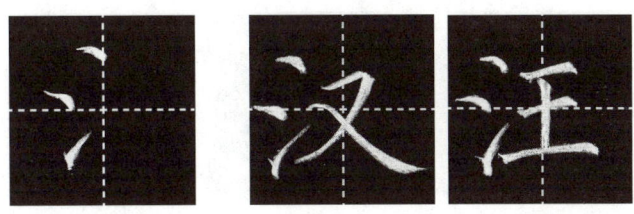

图 4-42　氵

（3）扌：先写短横，再在稍高处起笔写竖钩，然后从竖钩左侧起笔写提画，如图 4-43 所示。

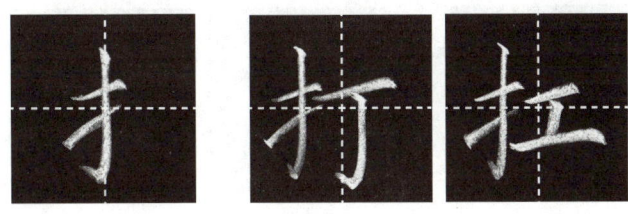

图 4-43　扌

2. 右偏旁

（1）刂：先写较短的垂露竖，再在竖画右上方起笔写竖钩，如图 4-44 所示。

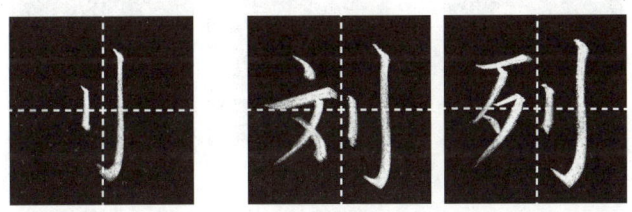

图 4-44　刂

（2）阝：先写横撇，再写弯钩，然后在横撇头部起笔写悬针竖，如图 4-45 所示。

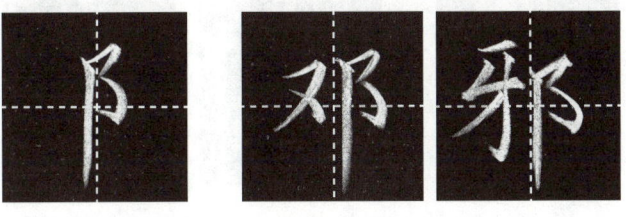

图 4-45　阝

（3）戈：先写短横，再在稍高处起笔写斜钩，然后在斜钩右侧起笔写撇画，最后在上方写点画，如图 4-46 所示。

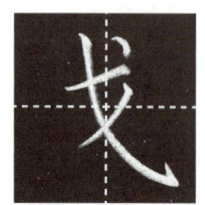

图 4-46　戈

3. 字头

（1）人：先写长撇，再从靠近长撇顶端处起笔写斜捺，如图 4-47 所示。

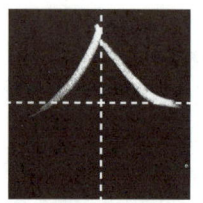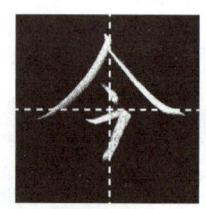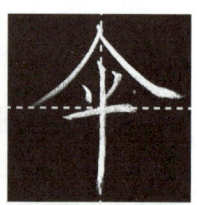

图 4-47　人

（2）宀：先写向左下倾斜的点画，再在点画右侧写横钩，如图 4-48 所示。

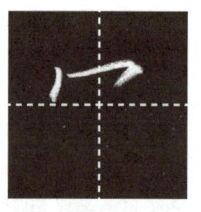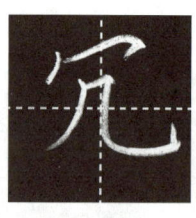 

图 4-48　宀

秃宝盖

（3）廿：先写横画，其长度因字而定，后写两竖，右竖常写作短撇，如图 4-49 所示。

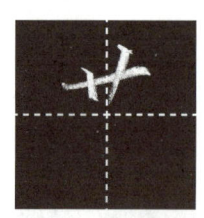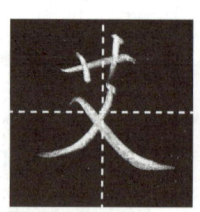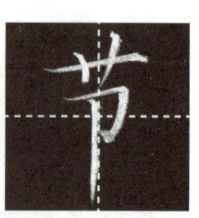

图 4-49　廿

4. 字底

（1）灬：由一个左点和三个右点组成，左右两侧的点较大，中间两点较小，如图4-50所示。

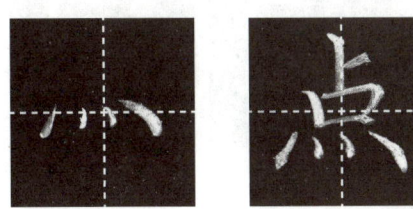

图4-50　灬

（2）心：先写首点，再在右侧写卧钩，然后在卧钩上方写次点，最后在右上方写末点，如图4-51所示。

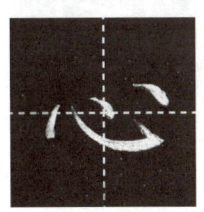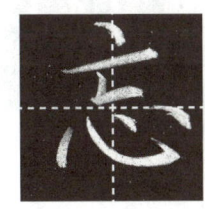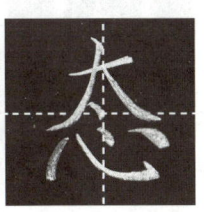

图4-51　心

（3）皿：先写短竖，再在短竖右侧写横折，然后在框内写两个短竖，最后在下方写长横，如图4-52所示。

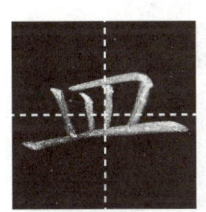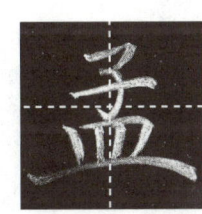

图4-52　皿

5. 字框

（1）勹：先写短撇，再从短撇中间偏下处起笔写横折钩，如图4-53所示。

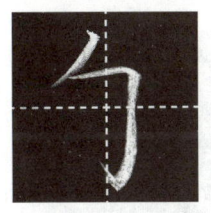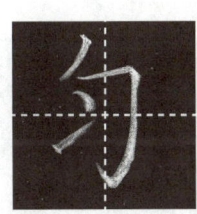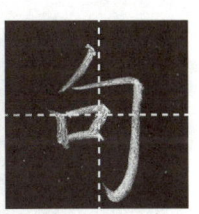

图4-53　勹

（2）门：先写点画，再在点画左下方写垂露竖，然后从点画右侧起笔写横折钩，如图 4-54 所示。

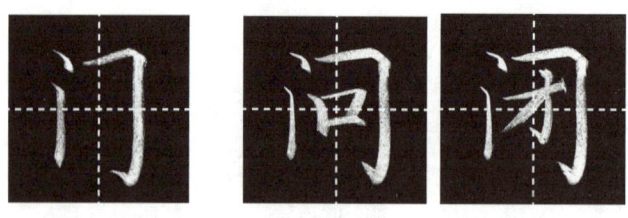

图 4-54　门

（3）囗：先写垂露竖，再从靠近竖画顶端处起笔写横折钩，然后在下方写横画，如图 4-55 所示。

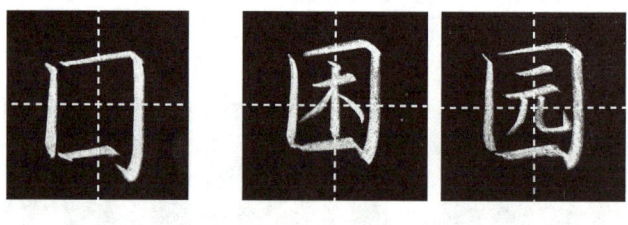

图 4-55　囗

（三）结构类型

1. 独体字

书写独体字时，要写好每一个笔画，同时注意突出主笔，保证整体重心平稳，如图 4-56 所示。

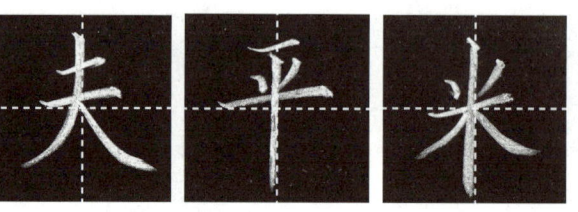

独体字

图 4-56　独体字

2. 左右结构

书写左右结构的字时，要合理安排左右两部分的大小和位置，以保证整体的和谐稳定，如图 4-57 所示。

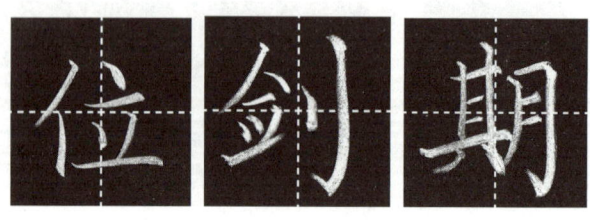

图 4-57　左右结构

3. 左中右结构

书写左中右结构的字时，要合理安排各个部分的形态和位置，保证各个部分之间穿插得宜，如图 4-58 所示。

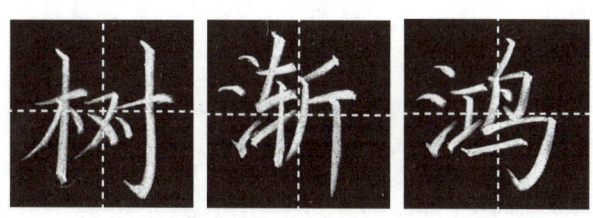

图 4-58　左中右结构

4. 上下结构

书写上下结构的字时，应注意使上部和下部中心对正，大小适宜，如图 4-59 所示。

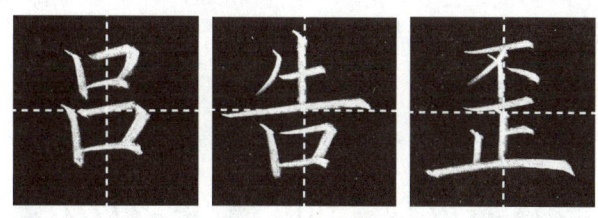

图 4-59　上下结构

5. 上中下结构

书写上中下结构的字时，要将各个部分写得紧凑一些，同时保证整体上下对正，如图 4-60 所示。

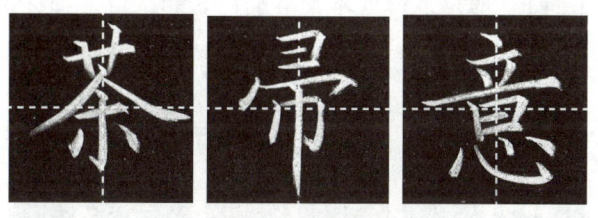

图 4-60　上中下结构

6. 半包围结构

书写半包围结构的字时，最重要的是合理安排包围部分和被包围部分的比例关系和相对位置，以使整体舒展大方，如图 4-61 所示。

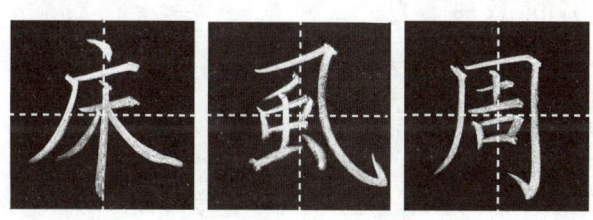

图 4-61　半包围结构

7. 全包围结构

书写全包围结构的字时，包围部分要端庄方正，被包围部分要根据包围部分的大小调整形态和所处位置，以使整体和谐自然，如图 4-62 所示。

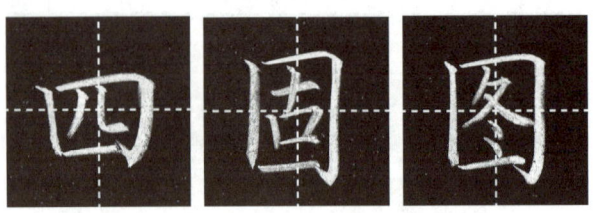

图 4-62　全包围结构

8. 繁杂结构

书写繁杂结构的字时，要把每个笔画都写得精细，每个部分都写得准确，以使整体清晰明了、端庄大气，如图 4-63 所示。

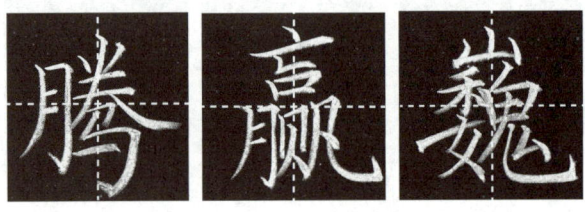

图 4-63　繁杂结构

9. 品字结构

书写品字结构的字时，要把握好三个部分的形态和位置，使各个部分在和谐一致中又有所差异，如图 4-64 所示。

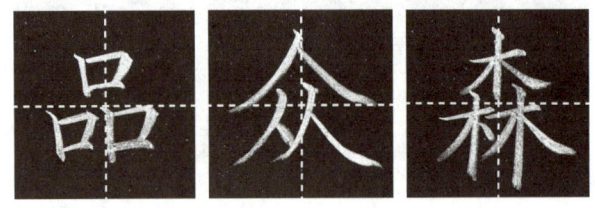

图 4-64　品字结构

二、粉笔行书的书写方法

（一）常用笔画

1. 点画

（1）左点：自右上向左下起笔，随后向左下行笔，行至末端稍顿后向右上出锋，以启带下笔，如图 4-65 所示。

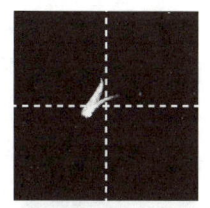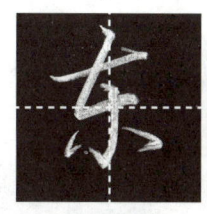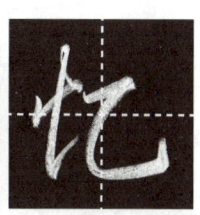

图 4-65　左点

（2）右点：自左上向右下起笔，随后向右下重按即收，收笔时要向左下出锋，与下笔呈呼应之势，如图 4-66 所示。

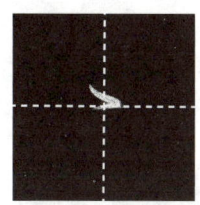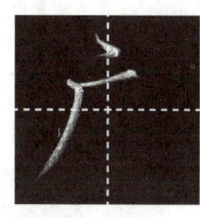

图 4-66　右点

2. 横画

（1）长横：自左上向右下起笔，随后略向右上行笔，行至末端稍顿后向左上出锋，以启带下笔，如图 4-67 所示。

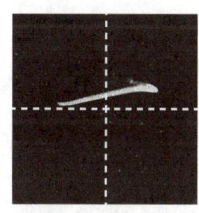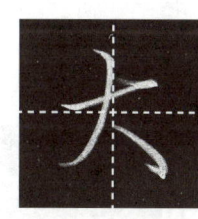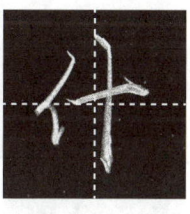

图 4-67　长横

（2）短横：起笔较轻，随后略向右上由轻到重行笔，行至末端顿笔即收，也可出锋启带下笔，如图 4-68 所示。

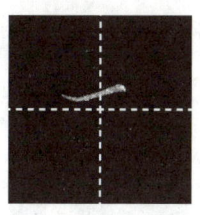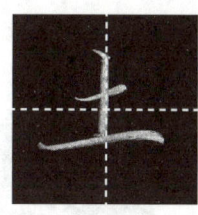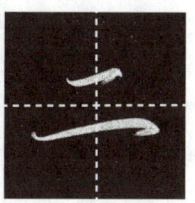

图 4-68　短横

3. 竖画

（1）垂露竖：起笔向右下稍顿，随后竖直向下行笔，行至末端稍顿后向左上出锋，以启带下笔，如图4-69所示。

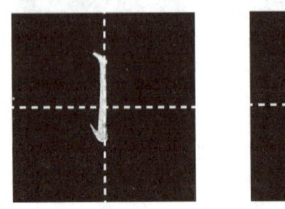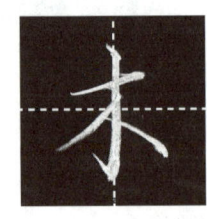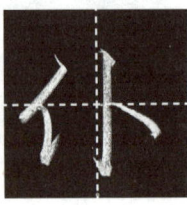

图 4-69　垂露竖

（2）悬针竖：起笔向右下稍顿，随后竖直向下行笔，行至末端提笔出锋，如图4-70所示。

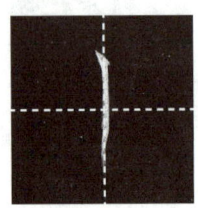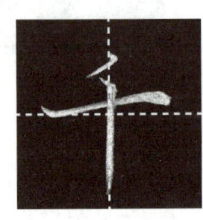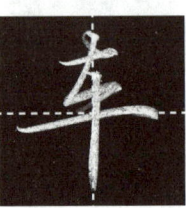

图 4-70　悬针竖

4. 撇画

（1）长撇：起笔稍顿，随后向左下由重到轻行笔，行至末端果断出锋，如图4-71所示。

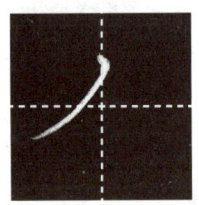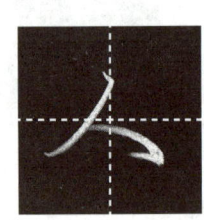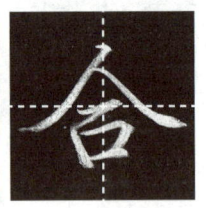

图 4-71　长撇

（2）短撇：起笔稍顿，随后向左下迅速撇出；整体形态短小，倾斜角度因字而异，如图4-72所示。

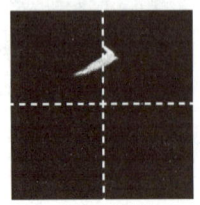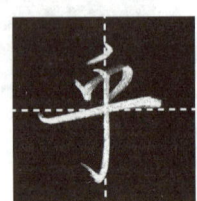

图 4-72　短撇

5. 捺画

(1)斜捺:起笔较轻,随后向右下由轻到重行笔,行至捺脚处向右平行出锋,如图 4-73 所示。

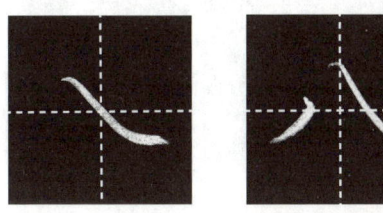

图 4-73 斜捺

(2)平捺:起笔轻落,随后向右下行笔,行至捺脚处稍顿后向右出锋,如图 4-74 所示。

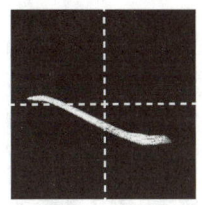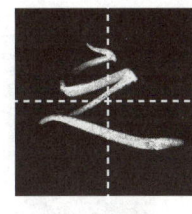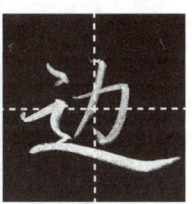

图 4-74 平捺

6. 提画

提画的写法是起笔稍顿,随后向右上用力挑出;整体斜而短促,尖锐有力,极具速度感与力量感,如图 4-75 所示。

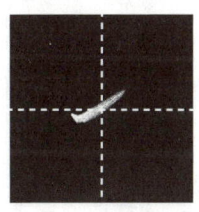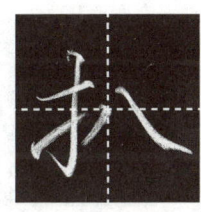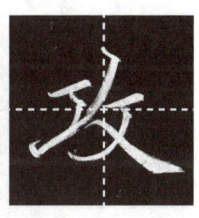

图 4-75 提画

7. 派生笔画

粉笔行书中常用的派生笔画主要有横钩、横折、竖钩、竖折和弯钩等。

(1)横钩:先写横画,行至末端向右下稍顿,随即向左下迅速出钩;出钩干脆有力,笔锋指向下笔起笔处,如图 4-76 所示。

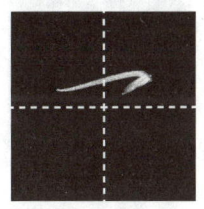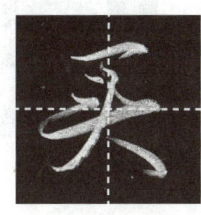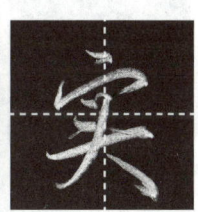

图 4-76 横钩

（2）横折：起笔稍顿，随后略向右上行笔写横画，再略向左下写竖画；需要注意的是，折角处应方中带圆，圆润流畅，如图4-77所示。

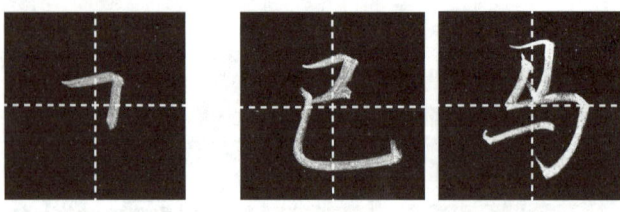

图4-77 横折

（3）竖钩：先写竖画，行至末端稍顿，再向左上用力出钩；竖画坚定挺拔，钩画遒劲有力，如图4-78所示。

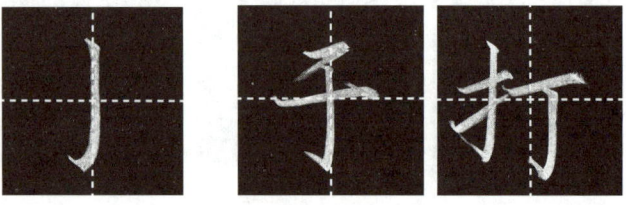

图4-78 竖钩

（4）竖折：先写竖画，再折笔向右写横画；折角处可以转代折，行笔需一气呵成，如图4-79所示。

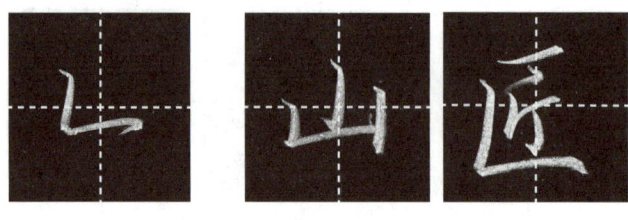

图4-79 竖折

（5）弯钩：起笔轻落，随后向下呈弧形行笔，行至末端稍顿后向左上出钩，如图4-80所示。

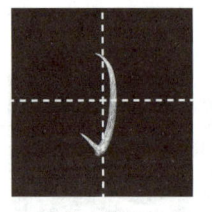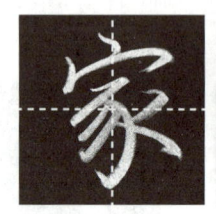

图4-80 弯钩　　　　　　　　弯钩

（二）常见部首

1. 左偏旁

（1）亻：先向左下写短撇，再从撇画中间偏下处起笔写短竖，竖画末端向右上出锋，以呼应右部，如图 4-81 所示。

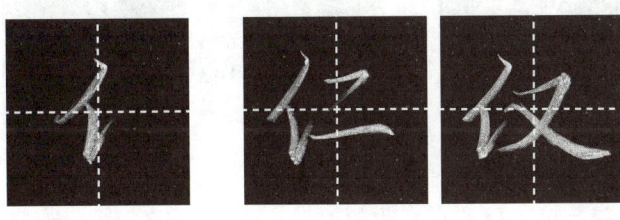

图 4-81　亻

（2）扌：起笔先写短横，略带斜势，再顺势翻笔向上写竖钩，然后紧接钩尖写提画，如图 4-82 所示。

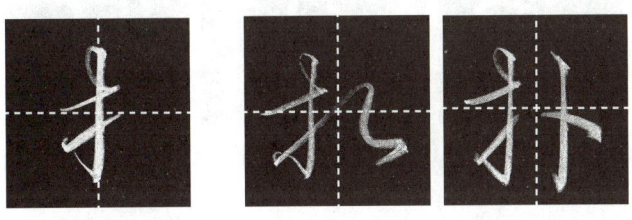

图 4-82　扌

2. 右偏旁

（1）刂：先写短竖，行至末端提笔向右上出锋，再顺势写竖钩，如图 4-83 所示。

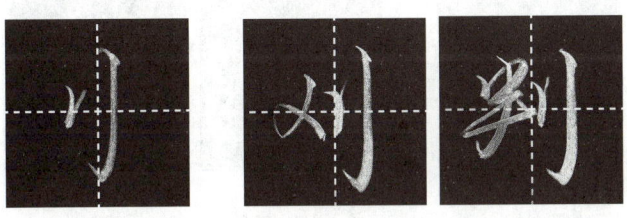

图 4-83　刂

（2）卩：先写横折钩，折角处圆转自然，钩尖启带竖画，如图 4-84 所示。

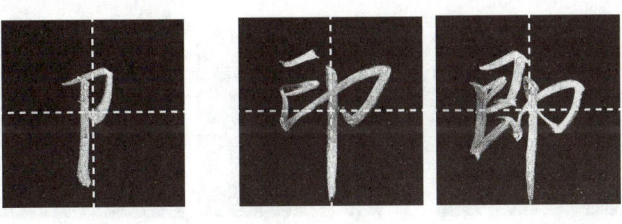

图 4-84　卩

3. 字头

（1）艹：先写横画，后写两竖；左竖较短，右竖较长且常写作撇画，两竖牵丝相连，呈合抱之势，如图 4-85 所示。

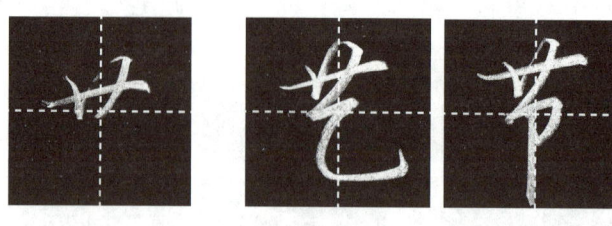

图 4-85　艹

（2）宀：先从左上起笔写首点，收笔时略向左下出锋，然后连写次点和横钩；横钩的横画要略带弧度，钩画与下笔呼应，如图 4-86 所示。

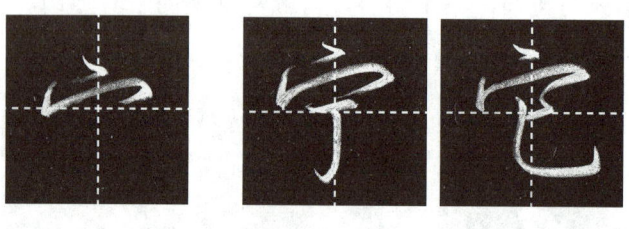

图 4-86　宀

4. 字底

（1）灬：先写首点，再顺势向右用波动的曲线连写后三点，末端向左下出锋，如图 4-87 所示。

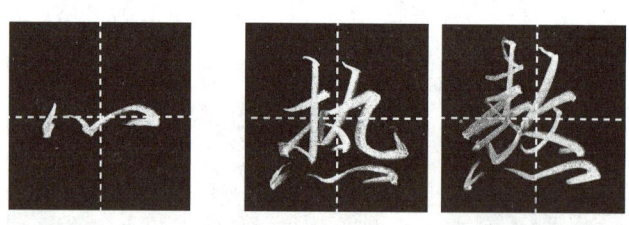

图 4-87　灬

（2）口：先写短竖，再紧接短竖写横折，然后连写短横；"口"作字底时，整体较小，且要与上部中心对正，如图 4-88 所示。

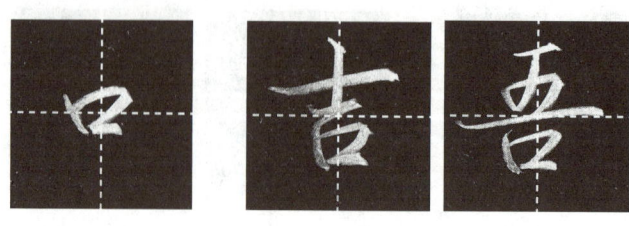

图 4-88　口

5. 字框

（1）凵：先写竖折，其中竖画较短，横画较长，再在竖折右上方起笔写竖画，如图 4-89 所示。

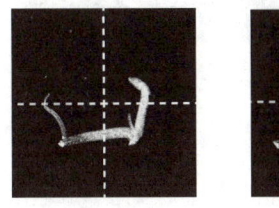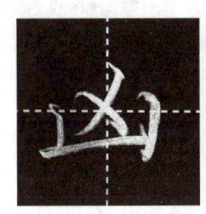

图 4-89　凵

（2）口：先写竖画，再写横折钩，然后在下方写短横；要注意折角处应圆润流畅，如图 4-90 所示。

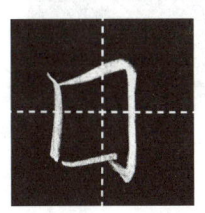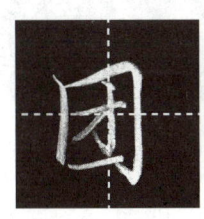

图 4-90　口

国字框

（三）结构类型

1. 独体字

书写独体字时，应突出主笔，做到随势赋形，收放自如，以使整体匀称和谐，如图 4-91 所示。

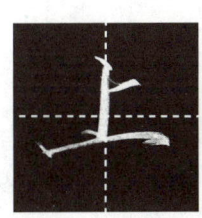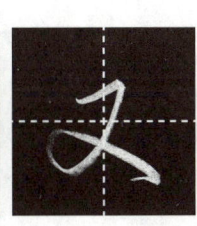

图 4-91　独体字

2. 左右结构

书写左右结构的字时，要处理好左右两部分的主次关系，做到笔画参差容让，笔意前后呼应，以使整体协调统一，如图 4-92 所示。

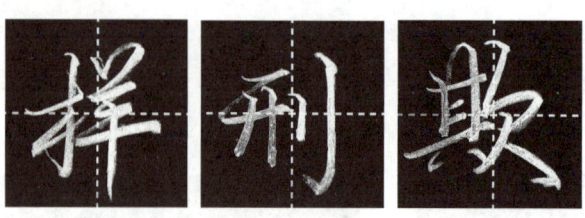

图 4-92　左右结构

3. 左中右结构

书写左中右结构的字时，要处理好三个部分的大小、高低和疏密关系，使各个部分之间穿插避让，有收有放，如图 4-93 所示。

图 4-93　左中右结构

4. 上下结构

书写上下结构的字时，要保证上下对正，以使整体重心稳定，如图 4-94 所示。

图 4-94　上下结构

5. 上中下结构

书写上中下结构的字时，要把握好各个部分的高度，避免将字写得过于狭长；笔画要收放有度，以突出主笔；上下要中心对正，以使字体平稳，如图 4-95 所示。

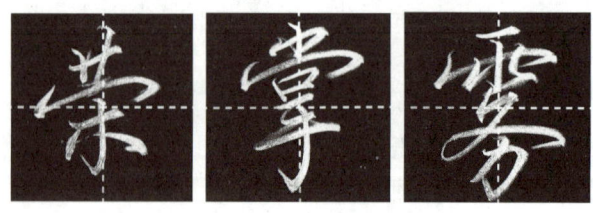

图 4-95　上中下结构

6. 半包围结构

书写半包围结构的字时,包围部分的笔画要写得舒展有力,呈环抱之势;被包围部分要收紧并靠近包围部分,如图4-96所示。

图4-96 半包围结构

7. 全包围结构

书写全包围结构的字时,包围部分要方中带圆,围而不堵;被包围部分不可过大,要与包围部分保持适当的距离,如图4-97所示。

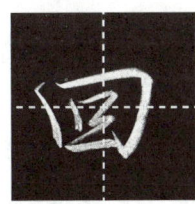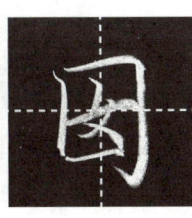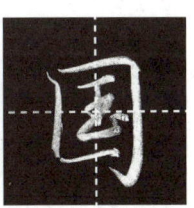

图4-97 全包围结构

8. 繁杂结构

书写繁杂结构的字时,要将各个部分处理得当,以使整体和谐自然,浑然一体,如图4-98所示。

图4-98 繁杂结构

9. 品字结构

书写品字结构的字时,要注意三个部分之间的呼应关系,如图4-99所示。

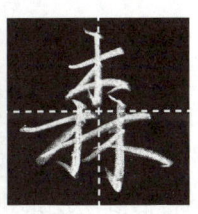

图4-99 品字结构

趁热打铁

请同学们临摹几遍本节中的示例笔画、部首和汉字。

第三节 板书设计

粉笔书写主要应用于教学活动中的板书设计环节,而板书设计是教师向学生传授知识的重要手段。因此,可以说掌握板书设计是进行粉笔书写技能训练的核心目标。

一、板书设计的原则

板书设计的原则主要有目的性、概括性、针对性、条理性、启发性和艺术性六点。

(一)目的性

板书设计应具有目的性,要为教学目标服务,做到有的放矢,起到向学生传授知识的作用。因此,教师在设计板书前应该有一定的规划和准备,要围绕教学目标来设计板书的内容和形式,切忌随心所欲、临场发挥。

(二)概括性

板书设计应具有概括性,这是因为黑板的空间十分有限,教师要在有限的空间内展示足够多的知识。这就要求教师在设计板书前对教学内容进行提炼,用简短的文字突出教学内容的重点,使呈现出来的板书简明扼要、一目了然。

板书设计中突出教学重点的方法

(三)针对性

板书设计应具有针对性。每位教师负责的课程不同,面对的学生群体在学习能力和认知水平上也有所差异,因此,教师要从实际情况出发,以学生为中心设计板书的内容和形式,做到因"课"制宜,因"人"制宜。

(四)条理性

板书设计应具有条理性,这主要体现在两个方面:在形式上,板书设计要布局合理、层次分明;在内容上,板书设计要有逻辑,不仅要契合课程内容的内在逻辑,还要符合学生的思维逻辑,做到层层递进、有理有据,旨在帮助学生高效学习。

（五）启发性

板书设计应具有启发性。板书绝不是对课程内容的简单概括，而是引导学生发现、感受和领悟相关知识的指导性内容。这就要求教师在设计板书时精心安排文字和图表的启发性元素，使其能够帮助学生展开丰富的联想，从而加深学生对相关知识的理解。

（六）艺术性

板书设计应具有艺术性，要在形式上避免单调呆板，力求生动活泼、丰富多样，以活跃课堂气氛，调动学生学习的积极性，使板书成为教学活动中绝佳的"调味剂"。这就要求教师用心设计板书中的文字和图表，合理搭配色彩，使呈现出来的板书整洁美观、具有欣赏价值。

二、板书设计的布局方式

板书一般可以分为三个区域，分别是标题区域、主板书区域和辅助板书区域。标题区域主要用于展示板书的标题，一般位于主板书区域上方；主板书区域主要用于展示重要的知识点；辅助板书区域主要用于展示辅助理解的知识点或图表。基于此，板书设计的常见布局方式主要有中心式、二分式和多分式三种。

（一）中心式

中心式是指以黑板中心的较大区域为主板书区域，左右两侧的较小区域为辅助板书区域的布局方式，如图4-100所示。

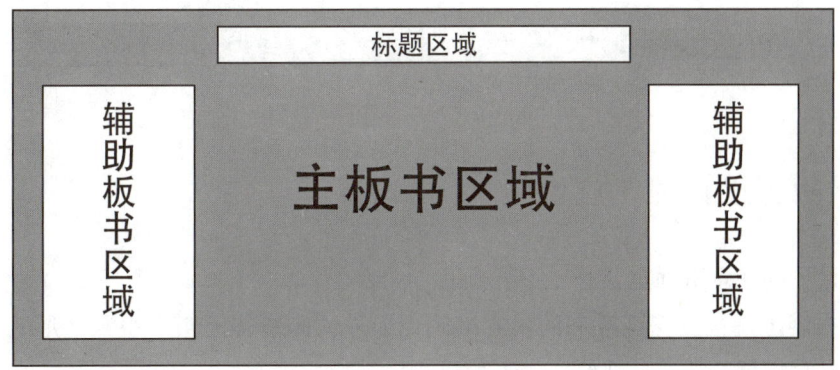

图 4-100　中心式

（二）二分式

二分式是指将黑板一分为二，以左侧的较大区域为主板书区域，右侧的较小区域为辅助板书区域的布局方式，如图4-101所示。

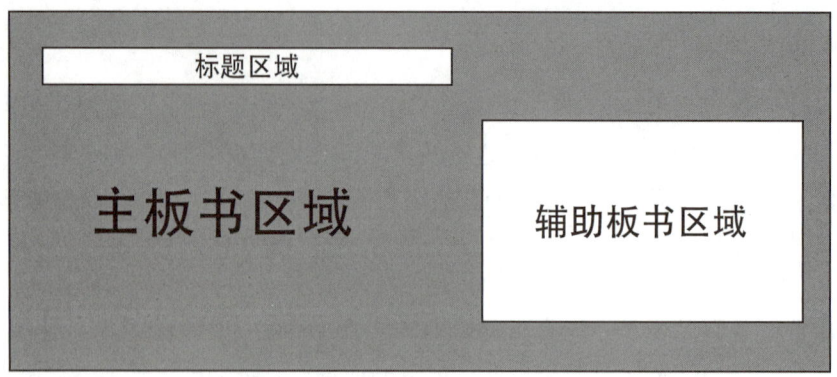

图 4-101　二分式

(三) 多分式

多分式是指将黑板分为多个区域,以最右侧的区域为辅助板书区域,其他区域为多个主板书区域的布局方式,如图 4-102 所示。多分式适合用来展示包含多个主题的板书设计。

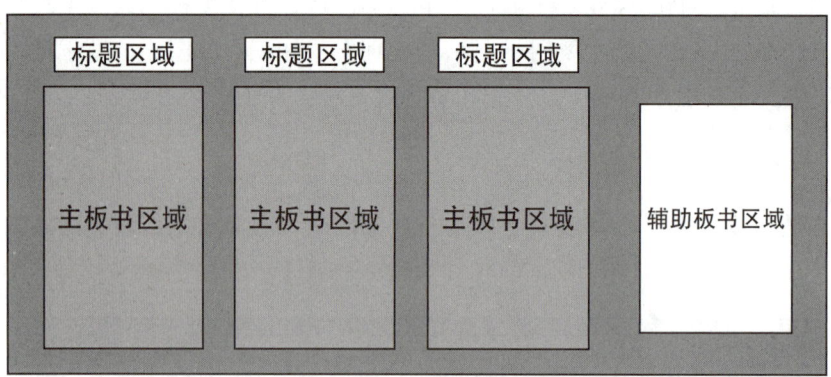

图 4-102　多分式

三、板书设计的注意事项

板书设计的注意事项主要有以下五点。

（1）内容准确：要保证板书的内容准确无误,大到整体逻辑,小到字形、笔顺和标点符号等书写规范,每一处都要一丝不苟。

（2）整体协调：要保证板书整体和谐一致,包括字的大小、字体风格、色彩搭配等,以强化板书的整体性和协调性。

（3）行列整齐：要保证板书的字与字、行与行排列整齐,文字与图表对齐,以使板书整洁有序；可以用直尺或黑板边框作为参照物进行书写。

(4)间距合理：要保证板书的字距、行距、板块与板块之间的距离合理，以使整体疏密有致；一般来说，字距要小于行距，行距要小于板块与板块之间的距离。

(5)字的大小恰当：要保证板书的字大小恰当，字太大会浪费黑板空间，字太小则会让学生难以看清；要根据教室大小、学生的实际情况调整字的大小，一般以教室最后一排的学生能看清为标准。

参考文献

[1] 刘慧龙. 三笔字楷书书法教程［M］. 2版. 北京：北京大学出版社，2022.

[2] 宋斌. 师范生"三笔字"教程［M］. 北京：北京理工大学出版社，2022.

[3] 张旭农. 三笔字实训教程［M］. 北京：高等教育出版社，2022.

[4] 庞亚卓，熊勇，王定康. 汉字书写与书法教程［M］. 广州：广东高等教育出版社，2020.

[5] 王明军. 新编粉笔字教程及板书书写技法［M］. 长春：吉林出版集团股份有限公司，2020.

[6] 罗湘科. 教师汉字书写技能训练［M］. 长沙：湖南人民出版社，2017.

[7] 刘飞滨，雷敏. 三笔字实训教程［M］. 北京：科学出版社，2015.

[8] 曹长远. 规范汉字书写方法与训练［M］. 2版. 北京：高等教育出版社，2013.

[9] 刘宝光. 三笔字训练教程［M］. 武汉：华中科技大学出版社，2013.

[10] 王镇远. 中国书法理论史［M］. 上海：上海古籍出版社，2009.

[11] 刘正成. 书法艺术概论［M］. 北京：北京大学出版社，2008.

[12] 王晞，等. 课堂教学技能［M］. 福州：福建教育出版社，2008.

[13] 刘敬瑞. 新编教师书写技能与书面表达训练［M］. 上海：华东师范大学出版社，2007.

[14] 王镛. 中国书法简史［M］. 北京：高等教育出版社，2004.

[15] 王永钊. 教师书写技能与书面表达训练［M］. 上海：华东师范大学出版社，1995.